KB056901

영어회화 後
알파벳 이솝우화

원어민 음성 MP3 다운로드 방법

한글영어 홈페이지

● 한글영어 홈페이지인 "http://www.hanglenglish.com/"
에서 다운로드 받으실 수 있습니다.

● 콜롬북스 앱에서 "영어회화후 알파벳 이솝우화"를 검색해서
다운로드 가능합니다.

영어회화후 이솝우화

● 한글영어 공식카페의 "http://reurl.kr/4B21678ATH"에서
다운로드 받으실 수 있습니다.

알파벳도 글자, 한글도 글자!

그러면 영어를 알파벳보다 한글로 배우면 어떤 효과가 있을까?
알파벳과 한글의 학습 순서가 달라서, 적용의 결과가 완전히 다르다.

1 한국어는 소리로 완전히 배우고, 몇 년 후 한글 글자를 배우지만
영어는 알파벳 글자부터 배우고, 영어 소리를 나중에 배운다.

2 그 결과, 한국인은 한글 글자를 소리로 변환하는 능력이 있지만
알파벳 글자는 소리로 변환하지 못해 그림으로 저장하게 된다.

한글로 영어를 배우면, 소리로 영어를 배우는 효과가 있다.

인쇄일	2019년 02월 28일
발행일	2019년 02월 28일

지은이	정용재
펴낸이	정용재
펴낸곳	(주)한글영어
주소	경기도 안양시 동안구 벌말로 123, A동 1111호 (평촌스마트베이)
전화	070-8711-3406
등록	제 385-2016-000051호

공식카페	http://한글영어.한국
MP3 다운로드	http://www.hanglenglish.com

디자인	김소아
인쇄제본	씨에이치피앤씨 (CH P&C) 02-2265-6116

ISBN	9791188935178　(13740)

차례

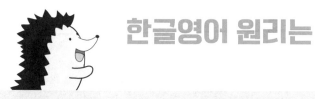

한글영어 원리는

한글영어 학습방법은 크게 보면 완전히 새로운 노래를 배우는 것과 같습니다.

어느 가수가 "미래의 사랑"이라는 신곡을 발표해서 가사가 네이버 뮤직에 올라왔을 때, 이 노래를 한 번도 들어보지 못한 사람에게 한글 가사만 보고 '미래의 사랑'이란 노래를 불러보라고 한다면, 그 사람이 노래를 노래답게 잘 부를 수 있을까요?

아직 눈에 보이지않지만 내게 다가오는 당신이 느껴져
내의 마음은 당신을 위해 고이 간직 된 생명수와 같아

한글을 아는 한국인이라면 아마도 노래가 아니라 소설을 읽듯이 읽을 것입니다. 그렇다고 해서 그 사람에게 "한글 가사로 노래를 부르라고 하니 노래가 아니라 소설처럼 읽는다"라면서 한글로 노래를 배우면 안 된다고 누가 말할까요?

단 한 사람도 그렇게 말하는 사람은 없을 것입니다.

한글로 배우는 영어의 원리도 잘 생각해보면, 이미 여러분이 알고 있는 노래를 배우는 원리를 떠올려서 적용하면 아무런 문제가 없는데도, 이제까지 영어전문가들의 잘못된 이론에 세뇌되었다고 할 수 있습니다.

한글영어 교재를 보면서, 인토네이션도 없고, 한글과 영어는 발음이 달라서 표기가 안 되는 문제들로 소설처럼 영어를 읽게 되어서 영어를 배울 수 없다고 모든 사람이 이구동성으로 한글영어를 비판합니다.

가수의 신곡을 배우는 것과 같다

수년 동안 한글영어 교육을 주장해온 저로서는 너무도 많이 들었던 말이지만, 이런 것들은 한글로 영어를 배우는데 전혀 문제가 되지 않습니다.

만약 '미래의 사랑'의 가사만으로 노래를 부르도록 말하면, 여러분은 노래가 아니라 소설처럼 읽게 되고, 박자도 모르고 음정도 몰라 노래할 수 없다고 말하면서, 거의 한글영어와 유사한 이의제기를 하면서 포기하게 될 것입니다.

그런데 "미래의 사랑"의 가사만이 아니라, 가수가 직접 부른 노래를 들으면서 노래를 배우도록 하면 어떻게 될까요? 아마도 사람들은 아무런 이의제기 없이 '미래의 사랑'의 한글 가사를 보면서 가수의 노래를 들으면서 열심히 가수처럼 부르려고 노력할 것입니다.

노래를 배우는 방식 그대로 한글영어로 공부한다고 생각하면 됩니다.

한글로 영어를 배울 때 한글발음으로 쓰인 한글영어만으로 영어를 배운다면 한글 가사만으로 노래를 배우는 것처럼 문제가 될 수 있습니다. 그러나 항상 원어민의 소리와 함께 배운다면 어떠한 문제도 일어나지 않습니다. 이점을 생각하고 한글영어를 판단해보기 바랍니다.

미래의 사랑 한글가사 + 가수의 노래 → 노래를 노래처럼 부르기

한글영어 + 원어민 음성 → 원어민처럼 영어 말하기

영어회화후
알파벳 이솝우화

한글영어 학습방법에 대해서 세세한 것에 대해서 고민이 있다면 스스로 노래를 배울 때 어떻게 하는지 잘 생각해보면 본인만의 해답을 찾을 수 있습니다.

① 한글영어문장 100번 이상 읽기 (예 : 12페이지)

처음 불러보는 어려운 노래의 경우는 처음에 가사를 소설책 읽듯이 평범하게 읽어보는 것으로 시작을 합니다. 그리고 조금 빠르게 그리고 감정을 살려서 읽어보는 과정을 거치게 됩니다.

이와 같은 원리로 익숙해지도록 100번 이상 한글영어문장을 보면서 읽습니다. 물론 이때 원어민의 음성을 들으면서 따라 읽어도 좋습니다. 그리고 나서 원어민의 음성만 들으면서 따라 말하도록 훈련을 합니다.

② 한글의미를 보고 영어로 말하기 (예 : 13페이지)

영어문장이 익숙해졌으면 이제는 한글의미를 보면서 영어로 바꿔 말해보는 연습을 합니다. 앞에서 충분히 영어로 말하는 연습을 했다면 입에서 빠르게 영어로 말할 수 있을 것입니다. 처음엔 한글영어문장을 보면서 말하지만, 점차 한글의미만 보고 영어문장을 말할 수 있도록 암기해 나가도록 합니다.

> **한글의미 :** 한글영어문장보고 빠르게 영어문장 말하기 (보고 읽기) →
> **한글의미 :** 한글영어문장 안보고 빠르게 영어문장 말하기 (암기후 말하기)

1장의 10문장씩 암기한 후 최종적으로 6장의 60문장 전체를 한 번에 암기해서 말할 수 있으면 그다음 이야기로 진행합니다.

한글영어에서는 굳이 전체 이야기를 안 보고 말하는 통암기를 권하지 않습니다. 문장 하나를 암기하는 것과 이야기 전체를 순서대로 암기하는 것은 난이도나 시간 투자에 있어서 많은 차이가 있습니다. 이러한 원칙에 따라서,

❸ 힌트를 보고 영어문장 말하기 (예 : 24페이지)

한글영어문장의 앞 단어를 보고 순서대로 영어로 즉각적이고 반사적으로 말할 수 있을 정도가 되면 성공했다고 할 수 있습니다. 이와 함께 원어민의 소리를 들으면서 따라 하는 일명 영어쉐도잉을 할 수 있으면 충분합니다.

❹ 힌트를 보고 영어문장 말하기 (예 : 26페이지)

한글영어문장의 앞 단어를 보고 순서대로 영어로 즉각적이고 반사적으로 말할 수 있을 정도가 되면 성공했다고 할 수 있습니다.

❺ 판도라의 상자는 영어문장 완전 암기후 열기 (예 : 192페이지)

영어회화를 공부할 때 소리를 완전히 암기하기 전에 한 번이라도 영어문자를 보게 되면 더 이상 영어회화가 아님을 명심해야 함을 거듭 말씀을 드립니다.

한글영어문장으로 영어소리의 암기가 완전히 된 다음에, 원어민의 음성을 들으면서 영어문자를 보면서 가벼운 마음으로 따라 읽으면 됩니다.

❻ 각 이야기 마무리 수준

이야기의 1번부터 60번까지 발음과 의미의 힌트를 보고 영어로 말할 줄 알고, MP3를 들으면서 곧바로 쉐도잉이 가능하면 다음 이야기로 진행합니다.

꼭 드리고 싶은 말씀 ★★

본 영어회화후 알파벳의 핵심원리는 <u>모든 언어습득에는 모국어를 배우는 과정</u>
<u>처럼 확실한 순서가 있어서,</u> 먼저 소리로 듣고 말하는 영어를 충분히 훈련해서
적어도 영화나 애니를 듣고 따라 말할 정도가 된 다음에, 문자교육인 알파벳,
파닉스 교육을 해야 한다고 말하는 것입니다.

간단히 말씀드려서,

소리 영어교육과 문자 영어교육을 완전히 분리하라는 것입니다.

영어회화 후 알파벳 이솝우화 소리영어로 왕초보영어회화공부혼자하기 영어
학원 인강전 독학 기초영어책는 알고 있고 생각하는 모든 영어학습법의 적용
이 가능합니다.

몰입영어, 소리영어, 낭독영어, 큰소리영어, 통문장영어, 모국어영어, 영어책
한 권 외우기, 영화 한 편 씹어먹기, 스토리텔링, 미친영어, 원어민식영어, 특
허받은 영어학습법, 기적의 영어학습법, 미드로 영어 공부 등 여러분 각자 생
각나는 모든 영어학습법들.

지금까지 나온 영어학습방법들을 내게 적용하는데 한 가지 걸림돌이 있었지
만, 아무도 이를 알려주지 않아서 깨닫지 못했는데, 바로 잘 모르는 영어문자
때문에 영어읽기가 안되고, 이는 바로 영어공부에 자연스러운 몰입할 수 없도
록 하는 한계가 있었다는 것입니다. 그러나 한글영어로 하게 되면 이런 문제점
이 전혀 없어서 영어학습에 완전 몰입이 가능하게 됩니다.

어느 영어전문가는 <u>첫째도 소리충격, 둘째도 소리충격, 셋째도 소리 충격</u>을 받

아야 하고, 문자충격을 먼저 받으면 소리충격을 받을 수 없다고 했는데 백번 맞는 말입니다. 다만 영어소리충격이란 말이 실질적이 되려면 절대로 영어문자교육을 하지 않아야 하고, 이미 문자교육을 받았다면 영어문자를 생각하거나 떠올리지 않도록 노력을 하면서 공부해야 한다는 점을 확실히 알고 있어야 합니다.

모국어는 어떻게 내가 말하고 있는지 모를 정도의 무의식의 작동으로 듣고 말하고 있습니다. 이는 듣기로 소리엔진 또는 소리시스템을 만들었기 때문에 가능한 이유입니다. 영어도 모국어처럼 무의식의 작동으로 듣고 말하고 싶다면 반드시 듣기로 영어만의 소리엔진 또는 시스템을 만들지 않으면 안 됩니다.

영어회화란 글자 없이 소리만으로 듣고 말하는 의사소통을 말합니다. 그래서 듣고 말하는 영어회화를 잘하고 싶다면 배울 때부터 영어 글자없이 배워야만 실제 영어회화의 상황에서 적응할 수가 있습니다. 배울 때는 영어문자에 의존해서 배우다가 현장에서 영어 글자없이 영어회화를 하려고 하면 머릿속이 하얘지면서 적응이 안 됩니다.

모국어학습법에 대해서 말들이 많은데 한글영어에서 정확한 의미를 말씀드린다면, 진정한 모국어학습의 특징은 소리와 문자가 완전히 분리된 교육으로, 듣고 말하는 한국어가 된 다음 읽고 쓰는 ㄱ, ㄴ, ㄷ 한글을 배우는 교육을 말합니다.

그래서 영어를 모국어학습법으로 배운다고 말하면서, 만약 영어글자 와 함께 공부한다면 아무리 듣기와 말하기를 강조해도 그 모든 교육은 모국어학습법과는 전혀 상관이 없습니다. 간단히 말해서 모국어학습법이란 소리교육과 문자교육이 철저히 분리된 교육입니다.

결론적으로 영어를 잘하고 싶다면 듣고 말하는 소리영어가 익숙해진 다음에, 읽고 쓰는 문자영어를 공부하면 영어회화뿐만 아니라 영어리딩, 영어독해, 영어스피킹등 모든 영어를 잘할 수 있습니다.

듣기에 대한 국어사전의 정의를 보면, "듣기란 읽기, 쓰기, 말하기의 기초이다"라는 말이 있는데 이를 영어교육에 적용해서 본다면, 영어듣기가 완성되었다는 것은 영어읽기, 영어쓰기, 영어말하기를 위한 기초가 준비되었다는 의미이기 때문에, 영어듣기를 잘하게 되면 읽기, 쓰기, 말하기 모두를 잘하게 되는 것은 당연한 결과라고 할 수 있습니다.

본 책은 진짜 영어회화를 하고 싶은 사람을 위한 영어회화책으로 조금이라도 영어읽기와 영어쓰기에 고민이 있거나 영어공부의 목표가 읽고 쓰고 시험을 보는 영어라면 조용히 책을 덮고 다른 영어책을 찾을 것을 권해드립니다.

영어회화는 소리, 영어시험은 문자가 중심이 되는 공부입니다. 따라서 처음 시작할 때부터 공부의 목적이 다르고 공부하는 방법도 완전히 달라질 수밖에 없습니다. 이점을 간과하고 읽기, 쓰기, 듣기, 말하기를 열심히 하면 뭐라도 되지 않을까? 하는 생각을 하면 노력에도 불구하고 실패할 수 있습니다.

지금까지 대한민국 영어회화의 실패는 확실한 성공원리를 모르고 그냥 열심히 했기 때문이라면, 이제부터는 확실한 성공원리와 한글영어교재로 열심히 해서 영어회화에 도전하는 모두가 성공할 수 있기를 바랍니다.

좀 더 자세한 내용은 한글영어 학습이론에 대해 질문과 답변형식을 빌어 구체적으로 설명한 〈정용재의 영어독설〉 책을 참조해보시기 바랍니다.

01

디 앤트 앤(드) 더 그래스하:뻐r

개미와 베짱이

**"한글발음을 읽을 때,
영어소리를 온몸으로 느낀다고 생각하며 읽는다"**

ㅍ, ㄹ, ㅂ 는 각각 f, r, v 발음 표시
진한 발음은 강세 표시

01 잍 워즈 어 핱: **써**머r 데이.

02 더 썬 워즈 샤이닝 다운 브<u>라</u>잍리.

03 데어r 워즈 **뮤**:직 커밍 <u>프</u>럼 더 **포**:레스트.

04 어 그<u>래</u>스하:뻐r 워즈 **씽**잉 온 어 <u>락</u>:.

05 "이츠 타임 투 플레이 투**게**더r."

06 앤츠 워r **캐**<u>링</u> 푸:(드) 니어r**바**이.

07 "유 푸쉬 앤(드) 아일 풀!"

08 "레츠 워:r(크) 투**게**더r!"

09 디 앤츠 워r **캐**<u>링</u> <u>라</u>:r쥐 피:**씨**즈 어브 **푸**:드.

10 "데어r즈 **라**츠 어(브) 푸:(드) 투 이:트."

01 어느 무더운 여름날이었어요.

02 해가 밝게 비추고 있었어요.

03 숲속에서 음악 소리가 흘러나왔어요.

04 베짱이가 바위에서 노래를 부르고 있었어요.

05 "다 함께 놀 시간이야!"

06 가까이서 개미들은 먹이를 나르고 있었어요.

07 "너는 밀어 그럼 내가 끌게!"

08 "다 함께 일하자!"

09 개미들은 큰 먹이들을 나르고 있었어요.

10 "먹을 음식들은 많아."

• 더운	• 여름	• 비추다	• 밝게
• 음악	• 숲	• 메뚜기	• 노래하다
• 바위	• 함께	• 개미	• 나르다
• 가까이서	• 밀다	• 당기다	• 일하다
• 큰	• 조각	• 많은	• 먹다

11 "더 추리:즈 아r 올:쏘우 풀 어브 프룰:."

12 더 그래스하:뻐r 쎋 투 디 앤츠,

13 "와이 아r 유 워:r킹 온 디스 핱: **써**머r 데이?"

14 "레츠 씽 어 쏭:."

15 디 앤츠 리플라이드 인 코:러스.

16 "위 해브 투 캐리 앤(드) 쎄이브 아워r 푸:드."

17 "위 해브 썸띵 투 잍: 두링 더 코울드 **윈**터r."

18 더 그래스하:뻐r 쿠든(트) 언더r스땐(드) 디 앤츠.

19 "벝 **윈**터r 이즈 스띨 파: 어웨이?"

20 디 앤츠 켚트 온 캐링 데어r 푸:드.

• 추리: • 비 풀 어브 • 올:쏘우 • 프룰:

• 와이 • 핱: • 써머r • 레츠

• 쏭: • 리플라이 • 코:러스 • 해브 투

• 쎄이브 • 썸띵 • 두링 • 윈터r

• 언더r스땐드 • 스띨 • 파: 어웨이 • 킾: 온

11 "나무들도 열매로 가득해."

12 베짱이가 개미들에게 말했어요,

13 "이렇게 더운 여름날 왜 일을 하고 있니?"

14 "나랑 같이 노래하자."

15 개미들이 일제히 대답했어요.

16 "우린 먹이를 날라서 저장해 두어야 해."

17 "우린 추운 겨울 동안 먹을 것이 있지."

18 베짱이는 개미들을 이해할 수 없었어요.

19 "겨울은 아직 한참 남았는데?"

20 개미들은 계속해서 음식을 날랐어요.

• 나무	• ~로 가득하다	• 또한	• 과일
• 왜	• 더운	• 여름	• ~하자
• 노래	• 대답하다	• 합창곡	• 해야만 한다
• 저장하다	• 무언가	• 동안	• 겨울
• 이해하다	• 여전히	• 저 멀리	• ~을 계속하다

21 더 **그<u>래</u>**스하:빠r 룩(트) 따운 온 디 앤츠.

22 "윌 **스**떠번 앤츠."

23 쑨:, 어 코울드 윈드 블루 쓰루 더 **포**:레스트.

24 올 어브 더 리:브즈 앤 프<u>룯</u>: 펠 어프 더 추<u>리</u>:즈.

25 **윈**터r 핻 컴 앤(드) 데어r 워즈 어 **스**노우스톰:.

26 더 그<u>라</u>운드 앤 더 <u>리</u>버r 프로우즈.

27 더 **그<u>래</u>**스하:빠r 워즈 <u>리</u>얼리 코울드 앤 헝그<u>리</u>.

28 히 디든(트) 해브 **에**니띵 투 이:트.

29 더 **그<u>래</u>**스하:빠r 룩트 퍼r 썸띵 투 이:트.

30 벹 데어r 워즌트 **에**니 푸:드 에니웨어r.

•**룩** 따운 온	•**윌**	•**스**떠번	•쑨:
•윈드	•블로우	•쓰루	•리:프
•**폴**: 어프	•**스**노우스톰:	•그<u>라</u>운드	•**리**버r
•프<u>리</u>:즈	•<u>리</u>얼리	•코울드	•헝그<u>리</u>
•**에**니띵	•**룩 포**:r	•**썸**띵	•**에**니웨어r

㉑ 베짱이는 개미들을 한심하게 생각했어요.

㉒ "참 답답한 개미들이야."

㉓ 머지않아, 숲속에는 찬 바람이 불어왔어요.

㉔ 모든 나뭇잎과 과일들이 나무에서 떨어졌어요.

㉕ 겨울이 되자 눈보라가 몰아쳤어요.

㉖ 땅과 강이 얼었어요.

㉗ 베짱이는 정말로 춥고 배가 고팠어요.

㉘ 그는 먹을 것이 하나도 없었어요

㉙ 베짱이는 먹을 것을 찾았어요.

㉚ 하지만 어디에도 음식은 없었어요.

• ~을 무시하다	• 참으로	• 고집스러운	• 곧
• 바람	• 바람이 불다	• 통해서	• 나뭇잎
• ~에서 떨어지다	• 눈보라	• 땅	• 강
• 얼다	• 정말로	• 추운	• 배고픈
• 아무것도	• ~을 찾다	• 무언가	• 어디에도

31 덴, 더 **그래**스하:뻐r 쏟: 어브 디 앤츠.

32 "디 앤츠 머스트 해브 **라**츠 어(브) 푸:드."

33 "아이 슏 고우 애스크 뎀 포:r 썸 푸:드."

34 더 **그래**스하:뻐r 웬(트) 투 씨: 디 앤츠.

35 어 딜리셔스 스멜 케임 프럼 데어r 호움.

36 "낰: 나:크! 헬로우?"

37 더 **그래**스하:뻐r 낰트 온 더 도어r.

38 "후즈 데어r?"

39 앤 어 리를 앤트 오우쁜(드) 더 도어r.

40 "아임 쏘:리, 벋 아임 쏘우 헝그리."

- 덴
- 씽크 어브
- 머스트
- **라**츠 어브

- 슏
- 애스크 포:r
- 고우
- 씨:

- 딜리셔스
- 스멜
- 호움
- 나:크

- 헬로우
- 후
- 데어r
- 리를

- 오우쁜
- 쏘:리
- 쏘우
- 헝그리

③① 그때 베짱이는 개미가 생각났어요.

③② "개미는 먹을 게 많을 거야."

③③ "그들한테 가서 음식 좀 달라고 해야지."

③④ 베짱이는 개미들을 보러 갔어요.

③⑤ 그들의 집에서 맛있는 음식 냄새가 났어요.

③⑥ "똑똑! 여보세요?"

③⑦ 베짱이는 문을 두드렸어요.

③⑧ "거기 누구시죠?"

③⑨ 그리고 어린 개미가 문을 열었어요.

④⓪ "미안한데 배가 너무 고파."

• 그때	• ~을 생각해내다	• 틀림없다	• 많은
• 해야겠다	• ~을 요청하다	• 가다	• 보다
• 맛있는	• 냄새	• 집	• 노크
• 여보세요	• 누구	• 거기에	• 어린
• 열다	• 미안한	• 매우	• 배고픈

01

41 "캔 유 깁 미 썸 푸:드?"

42 디 앤츠 해플리 웰컴(드) 더 그래스하:뻐r.

43 "쓔어r, 컴 인싸이드."

44 디 앤츠 호움 워즈 베리 웜:.

45 언 앤트 게이브 더 그래스하:뻐r 썸 푸:드.

46 "해브 썸 어브 디스."

47 "땡 큐 쏘우 머취."

48 히 쏱: 어브 힘쎌프 씽잉 두링 더 써머r.

49 히 쏱: 어브 하우 하:r(드) 디 앤츠 핻 웍:r트.

50 "아이 슏 해브 웍:r트 애즈 하:r드 애즈 디 앤츠."

• 기브	• 썸	• 해쁠리	• 웰컴
• 그래스하:뻐r	• 쓔어r	• 인싸이드	• 웜:
• 앤트	• 푸:드	• 해브	• 쏘우 머취
• 씽크 어브	• 씽	• 두링	• 써머r
• 하우 하:r드	• 웍:r크	• 슏	• 애즈 에이 애즈 비:

41 "음식 좀 줄 수 있니?"

42 개미들은 베짱이를 반갑게 맞이했었어요.

43 "그래, 어서 들어와."

44 개미집은 정말 따듯했어요.

45 개미가 베짱이에게 음식을 줬어요.

46 "이걸 좀 먹어 보렴."

47 "정말 고마워."

48 그는 여름 동안 노래 부르던 일이 떠올랐어요.

49 그는 개미들이 얼마나 열심히 일했는지 생각났어요.

50 "나도 개미들처럼 열심히 일했어야 했는데."

- 주다
- 조금
- 기쁘게
- 환영하다
- 메뚜기
- 물론
- 안으로
- 따뜻한
- 개미
- 음식
- 먹다
- 매우 많이
- ~을 생각하다
- 노래하다
- 동안
- 여름
- 얼마나 열심히
- 일하다
- ~하여야 했다
- B만큼 A한

노래처럼 한글영어 **읽기**

디 앤트 앤(드) 더 그래스하:뻐r

---

51 더 **그**래스하:뻐r 버:r스트 인투 티어r즈.

52 히 리그레딜 낱 워:r킹 백 덴.

53 "**그**래스하:뻐r, 유 슏 스떼이 윋 어스."

54 "유 마잍 프리:즈 이프 유 고우 아웉싸이드."

55 "땡 큐 퍼r 디 인버테이션."

56 히 스떼이드 윋 디 앤츠 두링 더 **윈**터r.

57 **애**프터r 어 와일, 웜: 스쁘링 핸 컴.

58 "땡 큐 퍼r 유어r 헬프."

59 "나우 아이 윌 **올**:쏘우 워:r크 하r드!"

60 프럼 댙 데이 온, 더 **그**래스하:뻐r 워:r트 하r드:.

• 버:r스트 인투	• 티어r	• 리그렐	• 백 덴
• 스떼이	• 윋	• 마잍	• 프리:즈
• 이프	• 아웉싸이드	• 인버테이션	• 두링
• 애프떠r 어 와일	• 웜:	• 스쁘링	• 헬프
• 나우	• 윌	• **올**:쏘우	• 프럼 댙 데이 온

51 베짱이는 울음을 터트렸어요.

52 그때 일하지 않았던 것을 후회했어요.

53 "베짱이야, 우리랑 같이 지내렴."

54 "밖에 나가면 얼어 죽을지도 몰라."

55 "초대해줘서 정말 고마워."

56 그는 겨울 동안 개미들과 함께 지냈어요.

57 어느새 따뜻한 봄이 왔어요.

58 "도와줘서 고마웠어."

59 "이제 나도 열심히 일할게!"

60 그날부터 베짱이는 열심히 일했답니다.

• ~을 터뜨리다	• 눈물	• 후회하다	• 그때
• 머무르다	• 함께	• 일지도 모른다	• 얼다
• 만약 ~라면	• 바깥	• 초대	• 동안
• 얼마 후	• 따뜻한	• 봄	• 도움
• 이제	• ~할 것이다	• 또한	• 그날부터

01 잍 워즈 어 핱: ~

02 더 썬 워즈 ~

03 데어r 워즈 **뮤**:직 ~

04 어 **그**래스하:뻐r ~

05 "이츠 타임 투 ~

06 앤츠 워r **캐**링 ~

07 "유 푸쉬 ~

08 "레츠 워:r(크) ~

09 디 앤츠 워r **캐**링 라:r쥐 ~

10 "데어r즈 **라**츠 어(브) ~

11 "더 추**리**:즈 아r ~

12 더 **그**래스하:뻐r 쎌 ~

13 "와이 아r 유 워:r킹 ~

14 "레츠 씽 ~

15 디 앤츠 리플라이드 ~

16 "위 해브 투 캐**리** ~

17 "위 해브 썸띵 투 잍: ~

18 더 **그**래스하:뻐r 쿠든(트) ~

19 "벝 **윈**터r 이즈 ~

20 디 앤츠 켚트 온 ~

21 더 **그**래스하:뻐r 뤀(트) ~

22 "윌 **스**떠번 ~

23 쑨:, 어 코울드 윈드 ~

24 올 어브 더 리:브즈 ~

25 **윈**터r 햄 컴 앤(드) ~

26 더 그**라**운드 앤 ~

27 더 **그**래스하:뻐r 워즈 ~

28 히 디든(트) 해브 ~

29 더 **그**래스하:뻐r 뤀트 ~

30 벝 데어r 워즌트 **에**니 ~

31 덴, 더 **그**래스하:뻐r ~

32 "디 앤츠 머스트 해브 ~

33 "아이 슏 고우 애스크 ~

34 더 **그**래스하:뻐r 웬(트) ~

35 어 딜리셔스 스멜 ~

36 "낙: 나:크! ~

37 더 **그**래스하:뻐r 낙트 ~

38 "후즈 ~

39 앤 어 리를 앤트 ~

40 "아임 쏘:리, 벝 아임 ~

41 "캔 유 깁 ~

42 디 앤츠 해플리 ~

43 "쓔어r, 컴 ~

44 디 앤츠 호움 워즈 ~

45 언 앤트 게이브 ~

46 "해브 썸 ~

47 "땡 큐 ~

48 히 쏟: 어브 힘쎌프 ~

49 히 쏟: 어브 하우 ~

50 "아이 슏 해브 웍:r트 ~

51 더 **그**래스하:뻐r 버:r스트 ~

52 히 리그레딛 낱 ~

53 "**그**래스하:뻐r, 유 슏 ~

54 "유 마잍 프리:즈 ~

55 "땡 큐 퍼r ~

56 히 스떼이드 윋 ~

57 **애**프터r 어 와일, ~

58 "땡 큐 퍼r ~

59 "나우 아이 윌 ~

60 프럼 댙 데이 온, ~

01 어느 무더운 ~

02 해가 밝게 ~

03 숲속에서 ~

04 베짱이가 바위에서 ~

05 "다 함께 놀 ~

06 가까이서 개미들은 ~

07 "너는 밀어 ~

08 "다 함께 ~

09 개미들은 큰 먹이들을 ~

10 "먹을 음식들은 ~

11 "나무들도 ~

12 베짱이가 개미들에게 ~

13 "이렇게 더운 여름날 ~

14 "나랑 같이 ~

15 개미들이 일제히 ~

16 "우린 먹이를 날라서 ~

17 "우린 추운 겨울 동안 ~

18 베짱이는 개미들을 ~

19 "겨울은 아직 ~

20 개미들은 계속해 서 ~

21 베짱이는 개미들을 ~

22 "참 답답한 ~

23 머지않아, ~

24 모든 나뭇잎과 ~

25 겨울이 되자 ~

26 땅과 강이 ~

27 베짱이는 정말로 ~

28 그는 먹을 것이 ~

29 베짱이는 먹을 ~

30 하지만 어디에도 ~

31	그때 베짱이는 ~	46	"이걸 좀 ~
32	"개미는 먹을 게 ~	47	"정말 ~
33	"그들한테 가서 ~	48	그는 여름 동안 ~
34	베짱이는 개미들을 ~	49	그는 개미들이 얼마나 ~
35	그들의 집에서 ~	50	"나도 개미들처럼 ~
36	"똑똑! ~	51	베짱이는 울음을 ~
37	베짱이는 문을 ~	52	그때 일하지 ~
38	"거기 ~	53	"베짱이야, ~
39	그리고 어린 개미가 ~	54	"밖에 나가면 ~
40	"미안한데 배가 ~	55	"초대해줘서 ~
41	"음식 좀 ~	56	그는 겨울 동안 ~
42	개미들은 베짱이를 ~	57	어느새 따뜻한 ~
43	"그래, 어서 ~	58	"도와줘서 ~
44	개미집은 정말 ~	59	"이제 나도 ~
45	개미가 베짱이에게 ~	60	그날부터 베짱이는 ~

여러분을 응원합니다 !

한글영어학습에 대해서 궁금한 점이 있다면
한글영어 공식카페로 질문해주세요.

한글영어 공식카페

🔍 https://cafe.naver.com/korchinese

모든 질문에 성심껏
답변을 드리도록 하겠습니다.

02

더 **쉐**뻐r(드) 보이 앤(드) 더 (워)울프
양치기 소년과 늑대

**"한글발음을 읽을 때,
영어소리를 온몸으로 느낀다고 생각하며 읽는다"**

ㅍ, ㄹ, ㅂ 는 각각 f, r, v 발음 표시
진한 발음은 강세 표시

02

더 쉐뻐r(드) 보이 앤(드) 더 (워)울프

01 데어r 워즈 어 보이 후 레이즈드 쉬:프.

02 더 쉽: 워r 그레이징 온 더 그래스.

03 더 보이 워즈 보:어r드 올: 바이 힘쎌프.

04 더 보이 레이 온 더 그래스 앤(드) 룩 앹 더 스까이.

05 "아임 쏘우 보:어r드 투데이."

06 "이즈 데어r 나띵 펀 투 두?"

07 덴 더 보이 쏘: 어 클라우(드) 댙 룩트 라잌 어 (워)울프.

08 "예쓰, 대츠 잍!"

09 "아임 고잉 투 쎄이 댙 아이 쏘: 어 (워)울프."

10 "덴 피쁠 윌 비 스케어r드, 라잍?"

• 보이	• 레이즈	• 쉽:	• 그레이즈
• 그래스	• 보:어r드	• 올 바이 힘쎌프	• 라이
• 룩 앹	• 스까이	• 투데이	• 나띵
• 펀	• 덴	• 클라우드	• 룩 라잌
• (워)울프	• 비 고잉 투	• 피쁠	• 스케어r드

01 양들을 기르는 소년이 있었어요.

02 양들은 풀밭에서 풀을 뜯고 있었어요.

03 혼자 있던 소년은 심심했어요.

04 소년은 풀밭에 누워 하늘을 쳐다봤어요.

05 "오늘은 너무 심심해."

06 "뭐 신나는 일 없을까?"

07 그때 소년은 늑대를 닮은 구름을 봤어요.

08 "그래, 바로 저거야!"

09 "늑대를 봤다고 말해야지."

10 "그러면 사람들이 깜짝 놀라겠지?"

• 소년	• 기르다	• 양	• 풀을 뜯다
• 풀	• 지루한	• 그 혼자	• 눕다
• ~을 보다	• 하늘	• 오늘	• 아무것도 없다
• 재미	• 그때	• 구름	• ~처럼 보이다
• 늑대	• ~을 할 것이다	• 사람들	• 무서워하는

31

⑪ "댙 싸운즈 라익 **펀**!"

⑫ 더 보이 샤우릳 토:어r즈 더 빌리쥐.

⑬ "헬프! 데어r즈 어 (워)울프!"

⑭ 더 피쁠 인 더 빌리쥐 스땉트 워:r킹.

⑮ "오우 노우! 위 숟 고우 테이크 어 룩."

⑯ 더 빌리쥐 피쁠 툭 데어r 스띡스 앤(드) 셔블즈.

⑰ "보이, 웨어r 이즈 더 (워)울프?"

⑱ "아r 유 허:r트?"

⑲ 더 빌리쥐 피쁠 워r 워리드 어바웉 더 보이.

⑳ 더 보이 쏘: 더 샥: 온 데어r 페이씨즈.

• 싸운드 라익	• 펀	• 샤우트	• 토:어r즈
• 빌리쥐	• 헬프	• 데어r즈	• 스땊
• 워:r크	• 숟	• 테이크 어 룩	• 테이크
• 데어r	• 스띡	• 셔블	• 웨어r
• 허:r트	• 워리	• 샥:크	• 페이스

⑪ "그거 정말 재밌겠다!"

⑫ 소년은 마을을 향해 소리쳤어요.

⑬ "도와주세요! 늑대가 나타났어요!"

⑭ 마을에 있던 사람들은 하던 일을 멈추었어요.

⑮ "큰일이군! 우리가 어서 가보세."

⑯ 마을 사람들은 막대기와 삽을 들고 달려갔어요.

⑰ "얘야, 늑대는 어디 있니?"

⑱ "어디 다쳤니?"

⑲ 마을 사람들은 소년을 걱정했었어요.

⑳ 소년은 사람들의 놀란 모습을 봤어요.

• ~처럼 들리다	• 재미	• 소리치다	• 향해서
• 마을	• 돕다	• ~이 있다	• 멈추다
• 일하다	• 해야만 한다	• 보다	• 가지고 가다
• 그들의	• 막대기	• 삽	• 어디
• 다치게 하다	• 걱정하다	• 충격	• 얼굴

21   히 인죠이드 왓췽 더 빌리쥐 피쁠.

22   "액추얼리, 데어r 워즈 노우 (워)울프."

23   "아이 워즈 보:어r드 쏘우 아이 토울드 어 라이."

24   히 리플라이드 와일 래핑.

25   "윗 디 쥬 쎄이?"

26   "유 래스끌, 라잉 이즈 밷:!"

27   올: 어브 디 어덜츠 스꼬울디드 힘.

28   벋 더 보이 워즌트 인추레스티드.

29   히 워즈 해빙 투 머취 펀.

30   어 퓨: 데이즈 레이러r, 더 보이 비케임 보:어r드 어겐.

• 인죠이	• 왓취	• 액추얼리	• 보:어r드
• 텔 어 라이	• 리플라이	• 와일	• 래프
• 윗	• 래스끌	• 라이	• 배드
• 어덜트	• 스꼬울드	• 인추레스티드	• 해브 펀
• 어 퓨:	• 레이러r	• 비컴	• 어겐

㉑ 그는 마을 사람들을 보는 것이 즐거웠어요.

㉒ "사실은 늑대는 나타나지 않았어요."

㉓ "심심해서 거짓말을 한 거예요."

㉔ 소년은 웃으며 대답했어요.

㉕ "아니, 뭐라고?"

㉖ "이 녀석, 거짓말은 나쁜 거야!"

㉗ 어른들은 모두 소년을 꾸짖었어요.

㉘ 그런데 소년은 아랑곳하지 않았어요.

㉙ 그는 너무 재미있었어요.

㉚ 며칠 후 소년은 다시 심심해졌어요.

- 즐기다
- 지켜보다
- 사실은
- 지루한
- 거짓말을 하다
- 대답하다
- ~하는 동안
- 웃다
- 무엇
- 악동
- 거짓말을 하다
- 나쁜
- 성인
- 꾸짖다
- 재미있어 하는
- 즐기다
- 조금
- 나중에
- 되다
- 다시

③ 히 원틷 투 플레이 어 추맄 온 더 피쁠 어겐.

③ "데어r 리얼리 이즈 어 (워)울프!"

③ "더 (워)울프 이즈 고잉 투 잍: 올: 더 쉬:프!"

③ "플리즈 헬프 미!"

③ 더 피쁠 케임 윋 데어r 스띡스.

③ 벝 데이 디든(트) 씨: 어 (워)울프.

③ 더 보이 래프트 아웉 라우드.

③ "유 래스끌, 디 쥬 라이 어겐?"

③ "위 토울드 유 댙 라잉 워즈 밷:!"

④ 더 피쁠 워r 앵그리 앤(드) 웬(트) 백 투 더 빌리쥐.

• 원:트	• 플레이 어 추맄	• 피쁠	• 데어r 이즈
• 리얼리	• 비 고잉 투	• 올:	• 쉬:프
• 플리:즈	• 헬프	• 스띡	• 벝
• 래프	• 라우드	• 래스끌	• 라이
• 배드	• 앵그리	• 고우 백	• 빌리쥐

③1 그는 사람들에게 다시 장난을 치고 싶어졌어요.

③2 "진짜로 늑대가 나타났어요!"

③3 "늑대가 양을 다 잡아먹을 것 같아요!"

③4 "제발 도와주세요!"

③5 사람들은 몽둥이를 들고 달려왔어요.

③6 하지만 늑대는 보이지 않았어요.

③7 소년은 큰소리로 웃었어요.

③8 "이 녀석, 또 거짓말을 했단 말이냐?"

③9 "우리가 거짓말은 나쁘다고 말했지!"

④0 사람들은 화가 나서 마을로 돌아갔어요.

• 원하다	• 장난을 치다	• 사람들	• ~이 있다
• 정말로	• ~할 것이다	• 모든	• 양
• 제발	• 돕다	• 막대기	• 그러나
• 웃다	• 소리가 큰	• 악동	• 거짓말을 하다
• 나쁜	• 화난	• 돌아가다	• 마을

㊶ 벝, 어 퓨: 데이즈 **레**이러r, 어 (워)울프 리얼리 어**피**어r드.

㊷ 더 보이 워(즈) 스케어r드 앤(드) 샤우릳 라우들리.

㊸ "어 (워)울프 이즈 히어r!"

㊹ "아임 텔링 더 추루쓰 디스 타임! 헬프 미!"

㊺ 벝 노우 원 케임 투 헬프 힘.

㊻ "댙 **래**스끌 이즈 라잉 어겐."

㊼ "위어r 낱 폴:링 퍼:r 잍 디스 타임!"

㊽ 데이 이취 켑(트) 투 데어r 오운 워:r크.

㊾ "레츠 이그노어r 힘 앤(드) 킾 워:r킹."

㊿ "예쓰, 레츠 줘슡 킾 워:r킹."

• 어 퓨:	• 리얼리	• 어피어r	• 스께어r드
• 샤우트	• 라우들리	• 히어r	• 텔
• 추루쓰	• 디스 타임	• 노우 원	• 컴
• 폴: 퍼:r 잍	• 이취	• 킾:	• 데어r
• 오운	• 워:r크	• 이그노어r	• 줘스트

41 그런데 며칠 뒤 진짜로 늑대가 나타났어요.

42 소년은 겁이 나서 크게 소리를 질렀어요.

43 "늑대가 나타났어요!"

44 "이번엔 정말이에요! 도와주세요!"

45 하지만 아무도 도우러 오지 않았어요.

46 "저 녀석이 또 거짓말을 하는군."

47 "우리가 이번엔 안 속는다!"

48 그들은 각자 자기 일만 했어요.

49 "저 애 신경 쓰지 말고 계속 일합시다."

50 "그래, 그냥 일이나 하세."

• 조금	• 정말로	• 나타나다	• 무서워하는
• 소리치다	• 큰소리로	• 여기	• 말하다
• 진실	• 이번에	• 아무도 없다	• 오다
• 꾀에 속다	• 각각	• 계속하다	• 그들의
• 자신의	• 일하다	• 무시하다	• 그냥

51 더 보이 샤우티드 벝 나띵 해쁜드.

52 더 (워)울프 에잍 올: 어브 더 쉬:프.

53 더 보이 버:r스트 인투 티어r즈.

54 더 보이 리그레딩 라잉 비포:어r.

55 **레**이러r 더 빌리쥐 피쁠 **파**운드 아웉 더 추**루**쓰.

56 "윝 어 쉐임."

57 벝 잍 워즈 올:**레**디 투 레이트.

58 데어r 워즈 나띵 댙 더 보이 쿧 두.

59 더 보이 핻 노우 쉽: 레프트.

60 더 보이 **프**라:미스트 낱 투 라이 어겐.

• 샤우트	• 나띵	• 해쁜	• 이:트
• 올:	• 버스트 인투	• 티어r	• 리그렐
• 비포:어r	• **레**이러r	• 파인드 아웉	• 추루쓰
• 쉐임	• 올:**레**디	• 투	• 레이트
• 캔	• 레프트	• **프**라:미스	• 라이

51 소년은 소리쳤지만, 소용이 없었어요.

52 늑대는 양을 모두 잡아먹었어요.

53 소년은 울음을 터뜨렸어요.

54 소년은 전에 거짓말했던 일을 후회했어요.

55 나중에 마을 사람들이 사실을 알았어요.

56 "그것은 참 안됐구나."

57 그렇지만 이미 너무 늦었어요.

58 소년이 할 수 있는 것이 아무것도 없었어요.

59 소년은 양이 한 마리도 남지 않았어요.

60 소년은 다시는 거짓말하지 않기로 약속했답니다.

• 소리치다	• 아무것도 없다	• 발생하다	• 먹다
• 모든	• ~을 터뜨리다	• 눈물	• 후회하다
• 전에	• 나중에	• ~을 알게 되다	• 진실
• 아쉬운 일	• 이미	• 너무	• 늦은
• 할 수 있다	• 남겨진	• 약속하다	• 거짓말을 하다

01 데어r 워즈 어 보이 ~

02 더 쉽: 워r 그레이징 ~

03 더 보이 워즈 보:어드 ~

04 더 보이 레이 온 ~

05 "아임 쏘우 ~

06 "이즈 데어r 나띵 ~

07 덴 더 보이 쏘: ~

08 "예쓰, 대츠 ~

09 "아임 고잉 투 쎄이 ~

10 "덴 피쁠 윌 비 ~

11 "댙 싸운즈 ~

12 더 보이 샤우릳 ~

13 "헬프! 데어rㅈ ~

14 더 피쁠 인 더 ~

15 "오우 노우! ~

16 더 빌리쥐 피쁠 ~

17 "보이, 웨어r ~

18 "아r 유 ~

19 더 빌리쥐 피쁠 워r ~

20 더 보이 쏘: ~

21 히 인죠이드 왙칭 ~

22 "액추얼리, 데어r 워즈 ~

23 "아이 워즈 보:어rㄷ ~

24 히 리플라이드 ~

25 "윋 디 쥬 ~

26 "유 **래**스끌, ~

27 올: 어브 디 어덜츠 ~

28 벝 더 보이 워즌트 ~

29 히 워즈 해빙 ~

30 어 퓨: 데이즈 **레**이러r, ~

31 히 원틷 투 플레이 ~

32 "데어r 리얼리 ~

33 "더 (워)울프 이즈 ~

34 "플리즈 헬프 ~

35 더 피쁠 케임 ~

36 벝 데이 디든(트) ~

37 더 보이 래프트 ~

38 "유 래스끌, 디 쥬 ~

39 "위 토울드 유 댙 ~

40 더 피쁠 워r 앵그리 ~

41 벝, 어 퓨: 데이즈 ~

42 더 보이 워(즈) 스케어r드 ~

43 "어 (워)울프 이즈 ~

44 "아임 텔링 더 추루쓰 ~

45 벝 노우 원 ~

46 "댙 래스끌 이즈 ~

47 "위어r 낱 폴:링 ~

48 데이 이취 켑(트) ~

49 "레츠 이그노어r 힘 ~

50 "예쓰, 레츠 줘슽 ~

51 더 보이 샤우티드 ~

52 더 (워)울프 에잍 ~

53 더 보이 버:r스트 ~

54 더 보이 리그레딛 ~

55 레이러r 더 빌리쥐 ~

56 "윁 어 ~

57 벝 잍 워즈 ~

58 데어r 워즈 나띵 ~

59 더 보이 핻 노우 ~

60 더 보이 프라:미스트 ~

01	양들을 기르는 ~	**16**	마을 사람들은 막대기와 ~
02	양들은 풀밭에서 ~	**17**	"얘야, 늑대는 ~
03	혼자 있던 소년은 ~	**18**	"어디 ~
04	소년은 풀밭에 ~	**19**	마을 사람들은 소년을 ~
05	"오늘은 너무 ~	**20**	소년은 사람들의 ~
06	"뭐 신나는 ~	**21**	그는 마을 사람들을 ~
07	그때 소년은 ~	**22**	"사실은 늑대는 ~
08	"그래, 바로 ~	**23**	"심심해서 ~
09	"늑대를 봤다고 ~	**24**	소년은 웃으며 ~
10	"그러면 사람들이 ~	**25**	"아니,~
11	"그거 정말 ~	**26**	"이 녀석, ~
12	소년은 마을을 ~	**27**	어른들은 모두 ~
13	"도와주세요! ~	**28**	그런데 소년은 ~
14	마을에 있던 사람들은 ~	**29**	그는 너무 ~
15	"큰일이군! 우리가 ~	**30**	며칠 후 소년은 ~

31 그는 사람들에게 ~

32 "진짜로 늑대가 ~

33 "늑대가 양을 다 ~

34 "제발 ~

35 사람들은 몽둥이를 ~

36 하지만 늑대는 ~

37 소년은 큰소리로 ~

38 "이 녀석, 또 ~

39 "우리가 거짓말은 ~

40 사람들은 화가 나서 ~

41 그런데 며칠 뒤 ~

42 소년은 겁이 나서 ~

43 "늑대가 ~

44 "이번엔 정말이에요! ~

45 하지만 아무도 ~

46 "저 녀석이 또 ~

47 "우리가 이번엔 ~

48 그들은 각자 ~

49 "저 애 신경 쓰지 말고 ~

50 "그래, 그냥 ~

51 소년은 소리쳤지만, ~

52 늑대는 양을 ~

53 소년은 울음을 ~

54 소년은 전에 ~

55 나중에 마을 사람들이 ~

56 "그것은 참 ~

57 그렇지만 이미 ~

58 소년이 할 수 있는 것이 ~

59 소년은 양이 한 마리도 ~

60 소년은 다시는 ~

여러분을 응원합니다 !

한글영어학습에 대해서 궁금한 점이 있다면
한글영어 공식카페로 질문해주세요.

한글영어 공식카페

https://cafe.naver.com/korchinese

모든 질문에 성심껏
답변을 드리도록 하겠습니다.

03

까마귀와 여우

**"한글발음을 읽을 때,
영어소리를 온몸으로 느낀다고 생각하며 읽는다"**

ㅍ, ㄹ, ㅂ 는 각각 f, r, v 발음 표시
진한 발음은 강세 표시

01 어 부춰r 웬(트) 투 더 **마:r**켙 투 쎌 히즈 미:트.

02 더 스또우니 패쓰 메이드 히즈 캐리쥐 쉐이크.

03 어 피:쓰 어브 미:트 펠 아웉 어브 더 캐리쥐.

04 더 부춰r 언노윙리 웬(트) 투 더 마:r켙.

05 "기리-엎, 레츠 고우."

06 어 크로우 **패**씽 바이 **파**운(드) 더 미:트.

07 "윁 어 써r**프**라이즈!"

08 더 크로우 플루 다운 앤(드) 픽트 엎 더 미:트.

09 쉬 룩트 포:r 어 플레이스 투 씥 따운 컴프터블리.

10 더 크로우 파운드 어 추리: 니어r**바**이.

• 부춰r	• 마:r켙	• 쎌	• 미:트
• 스또우니	• 패쓰	• 캐리쥐	• 쉐이크
• 피:쓰	• 언노윙리	• 기리-엎	• 크로우
• 패쓰 바이	• 써r프라이즈	• 피껖	• 룩 포:r
• 씥 따운	• 컴프터블리	• 파인드	• 니어r바이

01 고기 장수가 고기를 팔러 시장에 갔어요.

02 땅에 돌이 많아 마차가 흔들렸어요.

03 고기 한 조각이 마차에서 떨어졌어요.

04 고기 장수는 그것도 모르고 시장으로 갔어요.

05 "이랴, 어서 가자."

06 그곳을 지나던 까마귀가 고기를 발견했어요.

07 "이게 웬 떡이야!"

08 까마귀는 날아 내려와 고기를 집어 들었어요.

09 까마귀는 편안히 앉을 장소를 찾았어요.

10 까마귀는 근처에서 나무를 발견했어요.

• 정육점 주인	• 시장	• 팔다	• 고기
• 돌이 많은	• 작은 길	• 마차	• 흔들리다
• 조각	• 모르고	• 이랴	• 까마귀
• 지나가다	• 놀라운 일	• ~을 집다	• ~을 찾다
• 앉다	• 편안하게	• 발견하다	• 가까이에

⑪ 쉬 쌭 온 어 추리 브랜취.

⑫ "하우 캔 아이 잍 디쓰 미:트?"

⑬ 줘스(트) 덴, 어 팍:스 패씽 바이 쏘: 더 크로우.

⑭ "하우 딛 더 크로우 겥 댙 미:트?"

⑮ 더 팍:스 주룰드 웬 히 쏘: 더 미:트.

⑯ 히 디든트 해브 애니 브렉퍼스트.

⑰ 쏘우 히 워즈 리얼리 헝그리.

⑱ "아이 슏 스띨: 댙 미:트."

⑲ 더 팍:스 쏱: 디쁠리.

⑳ "하우 캔 아이 스띨: 잍?"

• 씰	• 브랜취	• 하우	• 줘스(트) 덴
• 팍:스	• 겥	• 주룰	• 웬
• 디든트	• 해브	• 브렉퍼스트	• 쏘우
• 리얼리	• 헝그리	• 슏	• 스띨:
• 미:트	• 씽크	• 디쁠리	• 캔

⑪ 까마귀는 나뭇가지에 앉았어요.

⑫ "어떻게 이 고기를 먹을까?"

⑬ 바로 그때 지나가던 여우가 까마귀를 보았어요.

⑭ "까마귀가 어디서 고기를 구했지?"

⑮ 여우는 고기를 보고 군침을 흘렸어요.

⑯ 여우는 아침을 먹지 못했어요.

⑰ 그래서 배가 매우 고팠어요.

⑱ "저 고기를 뺏어 먹어야겠다."

⑲ 여우는 곰곰이 생각했어요.

⑳ "어떻게 저것을 훔칠 수 있을까?"

• 앉다	• 나뭇가지	• 어떻게	• 바로 그때
• 여우	• 얻다	• 침을 흘리다	• ~할 때
• 아니었다	• 먹다	• 아침식사	• 그래서
• 정말로	• 배고픈	• 해야겠다	• 훔치다
• 고기	• 생각하다	• 깊이	• 할 수 있다

21 파이널리, 히 해드 어 굳 아이디어.

22 "투데이 이즈 마이 러끼 데이."

23 더 팍:스 케임 엎 윋 어 웨이 투 스띨: 더 미:트.

24 히 라우들리 쎌 투 더 크로우.

25 "유 아r 더 모우스트 **뷰:**리플 크로우."

26 "윁 어 샤이니 블랙 바디 유 해브!"

27 "하우 아r 유 쏘우 **뷰:**리플?"

28 "유 디저:r브 투 비 쿠윈 어브 더 버:r즈."

29 더 크로우 워즈 **플래러**r(드) 바이 더 팍:쓰즈 캄플러멘츠.

30 "더 팍:스 해즈 어 굳 아이."

•파이널리	•어 굳 아이디어	•투데이	•러끼
•컴 엎 위드	•웨이	•스띨:	•라우들리
•모우스트	•**뷰:**리플	•윁	•샤이니
•블랙	•바디	•쏘우	•디저:r브
•쿠윈	•**플래러**r	•캄플러멘트	•어 굳 아이

㉑ 마침내 여우는 좋은 생각이 떠올랐어요.

㉒ "오늘은 운이 좋은 날이야!"

㉓ 여우는 고기를 빼앗을 방법을 생각해냈어요

㉔ 여우는 까마귀에게 크게 말했어요.

㉕ "넌 제일 아름다운 까마귀야."

㉖ "까만 몸에는 윤기가 흐르는구나!"

㉗ "어쩜 그렇게 아름답게 생겼니?"

㉘ "넌 새들의 여왕이 될 자격이 충분해!"

㉙ 까마귀는 여우의 칭찬에 기분이 좋아졌어요.

㉚ "여우가 눈은 제대로 달렸군."

• 마침내	• 좋은 생각	• 오늘	• 운이 좋은
• ~을 생각해내다	• 방법	• 훔치다	• 큰소리로
• 가장	• 아름다운	• 참으로	• 빛나는
• 검은	• 몸	• 그렇게	• 받을 만하다
• 여왕	• 기쁘게 하다	• 칭찬	• 예리한 눈

31 더 팔:스 스마일드 앹 더 크로우.

32 앤 히 쎌 이븐 라우더r.

33 "윝 어바웉 유어r 보이스?"

34 "이프 유어r 보이스 이즈 **뷰**:리플, 유 아r 어 추루: 쿠윈."

35 "워운 츄 씽 어 쏭: **포**:r 미?"

36 더 팔:쓰즈 캄플러멘츠 **플**래러r(드) 더 크로우.

37 더 크로우 원팅 투 쑈우 어프 허r 보이스.

38 쉬 퍼프트 아웉 허r 췌스트 앤(드) 클리어r드 허r 쓰로웉.

39 앤(드) 쉬 스따:r딘 투 씽.

40 "코:, 코:, 코:."

• 스마일	• 이븐	• 라우더r	• 윝 어바웉?
• 보이스	• 이프	• 뷰:리플	• 추루:
• 쿠윈	• 워운 츄?	• 씽	• 캄플러멘트
• 플래러r	• 쑈우 어프	• 퍼프 아웉	• 췌스트
• 클리어r	• 쓰로웉	• 스따:r트	• 코:

31 여우는 까마귀를 보고 웃었어요.

32 그리고 더욱 크게 말했어요.

33 "네 목소리는 어떠니?"

34 "목소리가 예쁘면, 네가 진정한 여왕이야."

35 "나를 위해 노래를 불러주지 않을래?"

36 여우의 칭찬이 까마귀를 기분 좋게 했었어요.

37 까마귀는 자신의 목소리를 뽐내고 싶었어요.

38 까마귀는 가슴을 활짝 펼치고 목을 가다듬었어요.

39 그리고 노래를 부르기 시작했어요.

40 "까악, 까악, 까악."

• 웃다	• 훨씬	• 더 큰소리로	• ~은 어떠니?
• 목소리	• 만약 ~라면	• 아름다운	• 진짜의
• 여왕	• ~해주지 않을래?	• 노래하다	• 칭찬
• 기쁘게 하다	• 자랑하다	• 부풀게 하다	• 가슴
• 가다듬다	• 목	• 시작하다	• 까악까악

41 벝 애즈 쑨: 애즈 더 크로우 오우쁜드 허:r 마우쓰,

42 더 미:트 쉬 워즈 호울딩 펠 아웉.

43 더 팍:쓰 샤우릳 퍼:r 조이.

44 앤(드) 히 크위끌리 콭: 더 미:트.

45 "땡 큐, 크로우."

46 "아이 윌 잍: 디스 딜리셔스 미:트 비커:즈 오브 유."

47 더 크로우 워(즈) 써r**프**라이즈(드) 투 씨: 더 미:트.

48 더 미:트 워즈 올:레디 인 더 팍:쓰즈 포:.

49 더 팍:스 게이브 더 크로우 어 빝 어브 어드**바**이스.

50 "크로우, 유어r 보이스 이즈 리얼리 **뷰:**리플."

• 애즈 쑨: 애즈	• 오우쁜	• 마우쓰	• 호울드
• 폴: 아웉	• 샤우트	• 조이	• 크위끌리
• 캪취	• 딜리셔스	• 비커저브	• 써r**프**라이즈드
• 올:레디	• 포:	• 기브	• 어비러브
• 어드**바**이스	• 보이스	• 리얼리	• **뷰:**리플

㊶ 그런데 까마귀가 입을 벌리는 순간,

㊷ 물고 있던 고기가 떨어졌어요.

㊸ 여우는 기뻐서 소리쳤어요.

㊹ 그리고 재빨리 고기를 잡았어요.

㊺ "까마귀야, 고맙다."

㊻ "네 덕에 맛있는 고기를 먹게 되었어."

㊼ 까마귀는 고기를 보고 깜짝 놀랐어요.

㊽ 고기는 이미 여우 손에 있었어요.

㊾ 여우는 까마귀에게 한마디 충고했어요.

㊿ "까마귀야, 네 목소리는 참 좋아."

• ~하자 마자	• 열다	• 입	• 잡다
• 떨어져 나가다	• 소리치다	• 기쁨	• 재빨리
• 붙잡다	• 맛있는	• ~때문에	• 놀란
• 이미	• (짐승의) 발	• 주다	• 한 조각의
• 충고	• 목소리	• 정말로	• 아름다운

03

더 크로우 앤(드) 더 팍:스

51 "벝 유 해브 원 위끄니스."

52 "쏘우 유 캔:트 비컴 어 쿠윈 어브 더 버:r즈."

53 더 크로우 워(즈) 쌔드 앤(드) 앵그리.

54 "윝 이즈 마이 위끄니스?"

55 더 팍:스 **앤**써r(드) 더 크로우 프랭끌리.

56 "유 안:(트) 스마:r트 이너프."

57 더 팍:스 랜 어웨이 윋 더 미:트.

58 더 크로우 리그레딛 윝 쉬 핻 던.

59 벝 잍 워즈 올:**레**디 투: 레이트.

60 더 크로우 스따:r브드 더 레스트 어브 더 데이.

• 벝	• 위끄니스	• 쏘우	• 캔:트
• 비컴	• 쿠윈	• 버:r드	• 쌔드
• 앵그리	• **앤**써r	• 프랭끌리	• 스마:r트
• 이너프	• 런 어웨이	• 리그렡	• 윝
• 올:**레**디	• 투: 레잍	• 스따:r브	• 레스트

51 "하지만 너에겐 한 가지 결점이 있어."

52 "그래서 넌 새들의 여왕이 될 수 없어."

53 까마귀는 슬프고 화가 났어요.

54 "나의 결점이 뭔데?"

55 여우는 까마귀에게 솔직하게 대답했어요

56 "너는 그다지 똑똑하지 않다는 거야."

57 여우는 고기를 물고 도망갔어요.

58 까마귀는 자신이 한 일을 후회했어요.

59 하지만 이미 너무 늦었어요.

60 까마귀는 남은 하루 동안 굶었답니다.

• 그러나	• 약점	• 그래서	• 할 수 없다
• 되다	• 여왕	• 새	• 슬픈
• 화가 난	• 대답하다	• 솔직하게	• 영리한
• 충분히	• 도망가다	• 후회하다	• ~것
• 이미	• 너무 늦은	• 굶다	• 나머지

01 어 부춰r 웬(트) 투 ~
02 더 스또우니 패쓰 ~
03 어 피:쓰 어브 미:트 ~
04 더 부춰r 언노윙리 ~
05 "기리-옆, ~
06 어 크로우 **패**씽 바이 ~
07 "윌 어 ~
08 더 크로우 플루 ~
09 쉬 룩트 포:r 어 플레이스 ~
10 더 크로우 파운드 ~
11 쉬 쌭 온 ~
12 "하우 캔 아이 ~
13 줘스(트) 덴, 어 **팍**:스 ~
14 "하우 딛 더 크로우 ~
15 더 팍:스 주룰드 ~

16 히 디든트 해브 ~
17 쏘우 히 워즈 ~
18 "아이 슏 스띨: ~
19 더 팍:스 쏱: ~
20 "하우 캔 아이 ~
21 파이널리, 히 해드 ~
22 "투데이 이즈 마이 ~
23 더 팍:스 케임 엎 ~
24 히 라우들리 쎌 ~
25 "유 아r 더 모우스트 ~
26 "윌 어 샤이니 블랙 ~
27 "하우 아r 유 ~
28 "유 디저:r브 투 비 ~
29 더 크로우 워즈 **플**래러r(드)~
30 "더 팍:스 해즈 ~

31 더 팔:스 스마일드 ~

32 앤 히 쎌 이븐 ~

33 "윌 어바웉 유어r ~

34 "이프 유어r 보이스 ~

35 "워운 츄 씽 ~

36 더 팔:쓰즈 캄플러멘츠 ~

37 더 크로우 원틷 ~

38 쉬 퍼프트 아웉 허r ~

39 앤(드) 쉬 스따:r딛 ~

40 "코:, ~

41 벝 애즈 쑨: 애즈 ~

42 더 미:트 쉬 워즈 ~

43 더 팔:쓰 샤우릳 ~

44 앤(드) 히 크위끌리 ~

45 "땡 큐, ~

46 "아이 윌 잍: 디스 ~

47 더 크로우 워(즈) ~

48 더 미:트 워즈 ~

49 더 팔:스 게이브 ~

50 "크로우, 유어r 보이스 ~

51 "벝 유 해브 ~

52 "쏘우 유 캔:트 ~

53 더 크로우 워(즈) 쌔드 ~

54 "윝 이즈 ~

55 더 팔:스 **앤**써r(드) ~

56 "유 안:(트) ~

57 더 팔:스 랜 어웨이 ~

58 더 크로우 리**그**레딛 ~

59 벝 잍 워즈 ~

60 더 크로우 스따:r브드 ~

61

의미힌트 보고 영어문장 말하기 　리뷰 ❸

01	고기 장수가 고기를 ~	16	여우는 아침을 ~
02	땅에 돌이 많아 ~	17	그래서 배가 ~
03	고기 한 조각이 ~	18	"저 고기를 뺏어 ~
04	고기 장수는 그것도 ~	19	여우는 곰곰이 ~
05	"이랴, ~	20	"어떻게 저것을 ~
06	그곳을 지나던 ~	21	마침내 여우는 ~
07	"이게 웬 ~	22	"오늘은 운이 ~
08	까마귀는 날아 내려와 ~	23	여우는 고기를 ~
09	까마귀는 편안히 ~	24	여우는 까마귀에게 ~
10	까마귀는 근처에서 ~	25	"넌 제일 아름다운 ~
11	까마귀는 나뭇가지에 ~	26	"까만 몸에는 ~
12	"어떻게 이 ~	27	"어쩜 그렇게 ~
13	바로 그때 지나가던 ~	28	"넌 새들의 여왕이 ~
14	"까마귀가 어디서 ~	29	까마귀는 여우의 ~
15	여우는 고기를 보고 ~	30	"여우가 눈은 ~

31 여우는 까마귀를 ~

32 그리고 더욱 ~

33 "네 목소리는 ~

34 "목소리가 예쁘면, ~

35 "나를 위해 노래를 ~

36 여우의 칭찬이 ~

37 까마귀는 자신의 ~

38 까마귀는 가슴을 ~

39 그리고 노래를 ~

40 "까악, ~

41 그런데 까마귀가 ~

42 물고 있던 고기가 ~

43 여우는 기뻐서 ~

44 그리고 재빨리 ~

45 "까마귀야, ~

46 "네 덕에 맛있는 ~

47 까마귀는 고기를 ~

48 고기는 이미 ~

49 여우는 까마귀에게 ~

50 "까마귀야, 네 목소리는 ~

51 "하지만 너에겐 ~

52 "그래서 넌 새들의 ~

53 까마귀는 슬프고 ~

54 "나의 결점이 ~

55 여우는 까마귀에게 ~

56 "너는 그다지 ~

57 여우는 고기를 ~

58 까마귀는 자신이 ~

59 하지만 이미 ~

60 까마귀는 남은 하루 ~

여러분을 응원합니다 !

한글영어학습에 대해서 궁금한 점이 있다면
한글영어 공식카페로 질문해주세요.

한글영어 공식카페

https://cafe.naver.com/korchinese

모든 질문에 성심껏
답변을 드리도록 하겠습니다.

04

더 **덩키** 앤(드) 더 쏠:트 **머**:r췬트

당나귀와 소금장수

**"한글발음을 읽을 때,
영어소리를 온몸으로 느낀다고 생각하며 읽는다"**

ㅍ, ㄹ, ㅂ 는 각각 f, r, v 발음 표시
진한 발음은 강세 표시

04

더 덩키 앤(드) 더 쏠:트 머:r췬트

01	데어r 워즈 어 **덩키** 후 캐<u>리</u>드 **러**<u>기</u>쥐 에<u>브리</u>데이.
02	잍 워즈 어 브<u>라</u>이트 앤(드) **써**니 데이.
03	더 **덩**키 캐<u>리</u>드 쏠:트 온 히즈 백 투 더 **마**:r켙.
04	"위어r 고잉 투 비 레이트. 위 슏 고우."
05	더 **덩**키즈 오우너r 러쉬드 힘.
06	더 **덩**키 <u>릴</u>럭턴리 웬(트) 투 더 **마**:r켙.
07	"이츠 투: 하:r(드) 투 워:크."
08	"와이 이즈 더 로우드 쏘우 **헤**<u>비</u> 투데이?"
09	온 더 웨이, 데어r 워즈 어 <u>리</u>버r.
10	더 **덩**키 와블드 애즈 히 크<u>로</u>:스(트) 더 <u>리</u>버r.

• **덩키**	• **캐리**	• **러**<u>기</u>쥐	• 에<u>브리</u>데이
• 브<u>라</u>이트	• **써**니	• 쏠:트	• **마**:r켙
• 레이트	• 오우너r	• 러쉬	• <u>릴</u>럭턴리
• 하:r드	• 워:크	• 로우드	• 헤<u>비</u>
• 온 더 웨이	• <u>리</u>버r	• 와블	• 크<u>로</u>:스

01 매일 짐을 실어 나르는 당나귀가 있었어요.

02 밝고 화창한 어느 날이었어요.

03 당나귀는 등에 소금을 싣고 시장에 갔어요.

04 "늦겠다. 어서 가자."

05 주인이 당나귀를 재촉했어요.

06 당나귀는 마지못해 시장으로 갔어요.

07 "걷는 게 너무 힘들어."

08 "오늘따라 짐은 왜 이리 무거운 거야."

09 가는 도중에, 강이 나타났어요.

10 당나귀는 강을 건널 때 휘청거렸어요.

• 당나귀	• 나르다	• 짐	• 매일
• 밝은	• 화창한	• 소금	• 시장
• 늦은	• 주인	• 재촉하다	• 마지못해
• 힘든	• 걷다	• 짐	• 무거운
• 도중에	• 강	• 흔들리다	• 건너다

11 더 **덩키** 슬맆트 앤(드) 펠 인투 더 **와:**러r.

12 "쎄이브 미. 쎄이브 미!"

13 더 **덩키**즈 오우너r 풀드 힘 아웉.

14 더 **덩키** 쿠드 베어r리 겥 아웉 어브 더 **와:**러r.

15 벝 히 워즈 써r**프**라이즈드.

16 비커:즈 더 **헤비** 로우드 핻 가튼 라이더r.

17 '하우 디드 디쓰 해쁜?"

18 "더 로우드 같 라이더r 웬 아이 펠 인투 더 **와:**러r."

19 더 **덩키** 워즈 익싸이린.

20 "오우 노우, 마이 푸:어r 쏠:트. 월 윌 아이 두?"

- 슬맆   - **풀:** 인투   - **와:**러r   - 쎄이브
- 덩키   - 오우너r   - 풀   - 베어r리
- 겥 아웉 어브   - 써r**프**라이즈드   - 비커:즈   - **헤비**
- 로우드   - 라이트   - 해쁜   - 웬
- 익싸이린   - 푸:어r   - 쏠:트   - 윌

⑪ 당나귀는 미끄러져 물에 빠지고 말았어요.

⑫ "당나귀 살려. 당나귀 살려!"

⑬ 주인이 당나귀를 끌어당겼어요.

⑭ 당나귀는 간신히 물 밖으로 나왔어요.

⑮ 그런데 당나귀는 깜짝 놀랐어요.

⑯ 무거운 짐이 가벼워졌기 때문이에요.

⑰ "어떻게 된 거지?"

⑱ "강물에 빠지니까 짐이 더 가벼워졌네."

⑲ 당나귀는 신이 났어요.

⑳ "아이고, 아까운 내 소금. 이걸 어쩌나?"

• 미끄러지다	• ~에 빠지다	• 물	• 구하다
• 당나귀	• 주인	• 당기다	• 간신히
• ~에서 나오다	• 놀란	• 왜냐하면	• 무거운
• 짐	• 가벼운	• 발생하다	• ~할 때
• 흥분한	• 나쁜	• 소금	• ~할 것이다

㉑ 더 **덩**키즈 오우너r 디쁠리 싸이드.

㉒ 더 쏠:트 핻 디**졸**:브드 인투 더 **와**:러r.

㉓ 하우**에**버r, 더 **덩**키 핻 노우 아이디어.

㉔ "띵즈 비컴 머취 라이더r 인 더 **와**:러r."

㉕ 더 **덩**키 해드 어 뺃: 아이디어.

㉖ 히 험드 올: 더 웨이 호움.

㉗ 더 **덩**키 핻 투 고우 투 더 **마**:r킽 어겐.

㉘ 디 오우너r 로우디드 더 **덩**키즈 백 윋 카:튼.

㉙ 더 카:튼 워즈 벌키어r 댄 더 쏠:트.

㉚ 뱉 잍 워즈 머취 라이더r 댄 더 쏠:트.

• 오우너r	• 디쁠리	• 싸이	• 디졸:브
• 하우**에**버r	• 해브 노우 아이디어	• 띵	• 비컴
• 배드	• 험	• 올: 더 웨이	• 호움
• 해브 투	• 어겐	• 로우드	• 백
• 카:튼	• 벌키	• 댄	• 머취

21 주인은 깊게 한숨을 쉬었어요.

22 소금이 물속에 녹은 것이었어요.

23 그러나 당나귀는 전혀 몰랐어요.

24 "물건이 물속에서 훨씬 더 가볍게 되는구나."

25 당나귀는 나쁜 꾀가 생겼어요.

26 당나귀는 집에 가는 내내 콧노래를 불렀어요.

27 당나귀는 다시 시장에 가야 했어요.

28 주인은 당나귀 등에 솜을 실었어요.

29 솜뭉치는 소금보다 부피가 더 컸어요.

30 하지만 소금보다 훨씬 더 가벼웠어요.

• 주인	• 깊이	• 한숨 쉬다	• 녹다
• 그러나	• 전혀 모르다	• 물건	• 되다
• 나쁜	• 흥얼거리다	• ~하는 내내	• 집
• 해야만 한다	• 다시	• 짐	• 등
• 솜	• 부피가 큰	• ~보다	• 훨씬

31 네버r들레스, 더 **덩**키 워즈 **그리**:디.

32 "아이 위쉬 더 로우드 워즈 이븐 라이더r."

33 히 컴플레인드 온 더 웨이 투 더 **마**:r켙.

34 히 쏟: 어브 썸띵 웬 히 쏘: 더 리버r.

35 "아이 슏 두 월 아이 디드 라스(트) 타임!"

36 더 **덩**키 쏟: 댙 더 로우드 웉 겥 라이더r.

37 더 **덩**키 웬트 인투 더 미들 어브 더 리버r.

38 히 펠 인투 더 리버r 온 **퍼**:r뻐스.

39 "와이 두 유 킾 **폴**:링 인투 더 리버r?"

40 "겥 엎! 겥 엎!"

• 네버r들레스	• **그리**:디	• 위쉬	• 이븐
• 컴플레인	• 온 더 웨이	• 씽크 어브	• 썸띵
• 리버r	• 슏	• 월	• 라스(트) 타임
• 씽크	• 로우드	• 미들	• 폴: 인투
• 온 **퍼**:r뻐스	• 와이	• 킾:	• 겥 엎

72 이솝우화

31 그렇긴 하지만, 당나귀는 욕심이 났어요.

32 "짐이 훨씬 더 가벼워지면 좋겠다."

33 당나귀는 시장에 가는 도중에 불평했어요.

34 강이 보이자 당나귀는 뭔가가 생각났어요.

35 "지난번에 했던 대로 해야겠다!"

36 당나귀는 짐이 가벼워질 거로 생각했어요.

37 당나귀가 강 중간쯤에 갔어요.

38 그는 강물에 일부러 넘어졌어요.

39 "이 녀석이 왜 자꾸 강물에 넘어지는 거야?"

40 "일어나! 어서 일어나라니까!"

- 그렇긴 하지만 · 욕심 많은 · 바라다 · 훨씬
- 불평하다 · 도중에 · ~을 생각하다 · 무언가
- 강 · 해야겠다 · ~것 · 지난번
- 생각하다 · 짐 · 중간 · ~에 빠지다
- 일부러 · 왜 · 계속하다 · 일어나다

41 "아이 캔:(트) 쎌 디스 카:튼, 윗 윌 아이 두?"

42 디 오우너r 싸이드 웬 히 쏘: 더 윗 카:튼.

43 "잍 윌 비 라이더r 웬 아이 겥 아웉 어브 더 **와:**러r."

44 더 **덩**키 워즈 익싸이맅 어바웉 히즈 플랜.

45 **애프**떠r 어 와일, 히 추라인 투 스땐:드 엎.

46 벝 썸띵 워즈 디퍼런트.

47 더 로우드 핻 가튼 이븐 헤비어r.

48 디 오우너r 핻 투 헬프 더 **덩**키 겥 아웉.

49 더 **덩**키 디든(트) 노우 와이 더 로우드 워즈 헤비어r.

50 "하우 디드 디스 해쁜?"

- **캔:트**
- **쎌**
- **카:튼**
- 오우너r
- 싸이
- 웰
- 겥 아웉 어브
- 익싸이맅
- 플랜
- **애프떠r 어 와일**
- 추라이 투
- 스땐드 엎
- 썸띵
- 디퍼런트
- 로우드
- **헤비**
- 해브 투
- 노우
- 와이
- 해쁜

41 "이 솜을 못 팔겠는데, 어떻게 하지?"

42 주인은 물에 젖은 솜을 보며 한숨을 쉬었어요.

43 "물 밖으로 나가면 더 가벼워지겠지."

44 당나귀는 그의 계획에 흥분했어요.

45 잠시 후, 당나귀는 일어나려고 했어요.

46 그런데 뭔가가 달랐어요.

47 짐이 훨씬 더 무거워졌어요.

48 주인이 도와서 간신히 물 밖으로 나왔어요.

49 당나귀는 짐이 왜 더 무거워졌는지 몰랐어요.

50 "어떻게 된 거지?"

• 할 수 없다	• 팔다	• 솜	• 주인
• 한숨을 쉬다	• 젖은	• ~에서 나오다	• 흥분한
• 계획	• 잠시 후	• ~하려고 하다	• 일어서다
• 무언가	• 다른	• 짐	• 무거운
• 해야만 한다	• 알다	• 왜	• 발생하다

51 "와이 디든 잍 겥 라이더r 라잌 라스(트) 타임?"

52 더 카:튼 핻 쏘욱트 옆 더 **와**:러r.

53 쏘우 잍 워즈 머취 **헤**비어r 댄 비포:어r.

54 더 덩키 핻 노우 아이**디**어 어바웉 댙.

55 히 이븐 해드 어 하:r(드) 타임 스땐딩 옆.

56 "이츠 쏘우 **헤**비 아임 고잉 투 다이."

57 히즈 렉즈 슉 비커:즈 어브 더 웨이트.

58 더 덩키 **리그레**린 월 히 핻 던.

59 "아이 워운(트) 두 댙 어겐."

60 더 덩키 **바**우(드) 투 워:r크 하:r드.

- 라이크
- 라스(트) 타임
- 카:튼
- 쏘욱
- 쏘우
- 댄
- 비포:어r
- 해브 노우 아이디어`
- 어바웉
- 하:r드
- 스땐드 옆
- 비 고잉 투
- 다이
- 레그
- 쉐이크
- 비:커즈 어브
- 웨이트
- **리그렡**
- 워운트
- **바**우

51 "왜 지난번처럼 가벼워지지 않았지?'

52 솜이 물을 잔뜩 흡수했어요.

53 그래서 전보다 훨씬 무거웠어요.

54 당나귀는 전혀 몰랐어요.

55 당나귀는 서 있는 것조차 힘들었어요.

56 "너무 무거워서 죽을 것 같애."

57 그의 다리는 무게 때문에 흔들거렸어요.

58 당나귀는 자신의 행동을 후회했어요.

59 "다시는 하지 말아야지."

60 당나귀는 열심히 일하겠다고 맹세했어요.

• ~처럼	• 지난번	• 솜	• 물을 빨아들이다
• 그래서	• ~보다	• 전에	• 전혀 모르다
• ~관하여	• 힘든	• 일어서다	• ~할 것이다
• 죽다	• 다리	• 흔들거리다	• ~때문에
• 무게	• 후회하다	• ~하지 않을 것이다	• 맹세하다

01 데어r 워즈 어 **덩키** ~

02 잍 워즈 어 브라이트 ~

03 더 **덩키** 캐리드 쏠:트 ~

04 "위어r 고잉 투 ~

05 더 **덩키**즈 오우너r ~

06 더 **덩키** 릴럭턴리 ~

07 "이츠 투: 하:r(드) ~

08 "와이 이즈 더 로우드 ~

09 온 더 웨이, ~

10 더 **덩키** 와블드 애즈 ~

11 더 **덩키** 슬맆트 ~

12 "쎄이브 미. ~

13 더 **덩키**즈 오우너r ~

14 더 **덩키** 쿠드 **베**어r리 ~

15 벝 히 워즈 ~

16 비커:즈 더 **헤비** ~

17 '하우 디드 ~

18 "더 로우드 같 라이더r ~

19 더 **덩키** 워즈 ~

20 "오우 노우, 마이 푸:어r ~

21 더 **덩키**즈 오우너r ~

22 더 쏠:트 핻 디**졸**:브드 ~

23 하우**에버**r, 더 **덩키** ~

24 "띵즈 비컴 머취 ~

25 더 **덩키** 해드 ~

26 히 험드 올: ~

27 더 **덩키** 핻 투 고우 ~

28 디 오우너r 로우디드 ~

29 더 카:튼 워즈 ~

30 벝 잍 워즈 머취 ~

③ 네버r들레스, 더 **덩**키 ~

㉜ "아이 위쉬 더 로우드 ~

㉝ 히 컴플레인드 온 ~

㉞ 히 쏟: 어브 썸띵 ~

㉟ "아이 슢 두 윌 ~

㊱ 더 **덩**키 쏟: 댙 ~

㊲ 더 **덩**키 웬트 인투 ~

㊳ 히 펠 인투 ~

㊴ "와이 두 유 킾 ~

㊵ "겓 엎! ~

㊶ "아이 캔:(트) 쎌 ~

㊷ 디 오우너r 싸이드 ~

㊸ "잍 윌 비 라이더r ~

㊹ 더 **덩**키 워즈 ~

㊺ **애**프떠r 어 와일, ~

㊻ 볕 썸띵 워즈 ~

㊼ 더 로우드 핻 ~

㊽ 디 오우너r 핻 투 ~

㊾ 더 **덩**키 디든(트) 노우 ~

㊿ "하우 디드 디스 ~

51 "와이 디든 잍 겓 ~

52 더 카:튼 핻 ~

53 쏘우 잍 워즈 머취 ~

54 더 **덩**키 핻 노우 ~

55 히 이븐 해드

56 "이츠 쏘우 **헤**비

57 히즈 렉즈 슢 ~

58 더 **덩**키 리**그**레린 ~

59 "아이 워운(트) 두 ~

60 더 **덩**키 바우(드) 투 ~

01 매일 짐을 실어 ~

02 밝고 화창한 ~

03 당나귀는 등에 ~

04 "늦겠다. ~

05 주인이 당나귀를 ~

06 당나귀는 마지못해 ~

07 "걷는 게 ~

08 "오늘따라 짐은 ~

09 가는 도중에, ~

10 당나귀는 강을 ~

11 당나귀는 미끄러져 ~

12 "당나귀 살려. ~

13 주인이 당나귀를 ~

14 당나귀는 간신히 ~

15 그런데 당나귀는 ~

16 무거운 짐이 ~

17 "어떻게 ~

18 "강물에 빠지니까 ~

19 당나귀는 신이 ~

20 "아이고, 아까운 ~

21 주인은 깊게 ~

22 소금이 물속에 ~

23 그러나 당나귀는 ~

24 "물건이 물속에서 훨씬 ~

25 당나귀는 나쁜 ~

26 당나귀는 집에 가는 ~

27 당나귀는 다시 ~

28 주인은 당나귀 등에 ~

29 솜뭉치는 소금보다 ~

30 하지만 소금보다 ~

31 그렇긴 하지만, ~

32 "짐이 훨씬 더 ~

33 당나귀는 시장에 가는 ~

34 강이 보이자 당나귀는 ~

35 "지난번에 했던 ~

36 당나귀는 짐이 ~

37 당나귀가 강 ~

38 그는 강물에 일부러 ~

39 "이 녀석이 왜 자꾸 ~

40 "일어나! ~

41 "이 솜을 못 ~

42 주인은 물에 젖은 ~

43 "물 밖으로 나가면 ~

44 당나귀는 그의 계획에 ~

45 잠시 후, ~

46 그런데 뭔가가 ~

47 짐이 훨씬 ~

48 주인이 도와서 ~

49 당나귀는 짐이 왜 ~

50 "어떻게 ~

51 "왜 지난번처럼 ~

52 솜이 물을 잔뜩 ~

53 그래서 전보다 ~

54 당나귀는 전혀 ~

55 당나귀는 서 있는 ~

56 "너무 무거워서 ~

57 그의 다리는 무게 ~

58 당나귀는 자신의 ~

59 "다시는 하지 ~

60 당나귀는 열심히 ~

여러분을 응원합니다 !

**한글영어학습에 대해서 궁금한 점이 있다면
한글영어 공식카페로 질문해주세요.**

한글영어 공식카페

https://cafe.naver.com/korchinese

모든 질문에 성심껏
답변을 드리도록 하겠습니다.

더 마우스 앤(드) 더 **라**이언

쥐와 사자

"한글발음을 읽을 때,
영어소리를 온몸으로 느낀다고 생각하며 읽는다"

ㅍ, ㄹ, ㅂ 는 각각 f, r, v 발음 표시
진한 발음은 강세 표시

05 더 마우스 앤(드) 더 라이언

01 어 **라**이언 워즈 슬리삥 언더r니쓰 어 추리:.

02 어 마우스 액씨덴리 패스트 더 **라**이언.

03 더 마우스 클라임드 온투 더 **라**이언즈 백.

04 "이츠 리얼리 쏘:프트 앤(드) 컴프터블 히어r."

05 더 마우스 쥠트 어라운드 온 더 라이언즈 백.

06 써든리, 더 **라**이언 워크 엎.

07 "오우 룩, 후 이즈 디스?"

08 더 **라**이언 픽트 엎 더 마우스 위드 원 포:.

09 "하우 데어r 유 웨이크 미 엎!"

10 더 **라**이언 쎌 인 언 앵그리 보이스.

• **라**이언	• 슬립:	• 언더r니쓰	• 마우스
• 액씨덴리	• 패스	• 클라임	• 백
• **리**얼리	• **쏘**:프트	• **컴**프터블	• **쥠**프
• 어라운드	• 써든리	• 웨이크 엎	• 픽 엎
• 포:	• 데어r	• **앵**그리	• **보**이스

01 사자가 나무 밑에서 잠을 자고 있었어요.

02 생쥐가 우연히 사자를 지나갔어요.

03 생쥐가 사자의 등에 올라탔어요.

04 "여긴 정말 부드럽고 푹신하네."

05 생쥐는 사자의 등위에서 뛰어놀았어요.

06 갑자기 사자는 잠이 깼어요.

07 "어라, 이놈은 뭐지?"

08 사자는 생쥐를 한 손으로 집어 들었어요.

09 "감히 나의 단잠을 깨우다니!"

10 사자는 화난 목소리로 말했어요.

• 사자	• 잠자다	• ~아래에	• 쥐
• 우연히	• 지나가다	• 기어오르다	• 등
• 정마로	• 부드러운	• 편안한	• 뛰다
• 여기저기	• 갑자기	• 잠에서 깨다	• 집어 들다
• (짐승의) 발	• 감히 ~하다	• 화난	• 목소리

05

11 더 마우스 워(즈) 스케어r드 앤(드) 스따:r린 쉐이킹.

12 "아이 디든(트) 노우 유 워r 어 **라**이언."

13 "플리:즈 퍼r**기**브 미."

14 더 마우스 플리:딛 윝 더 **라**이언.

15 "아이 캔:(트) 퍼r기브 유!"

16 더 **라**이언 워즈 어바웉 투 잍: 더 마우스.

17 "플리:즈 렡 미 리브."

18 "아임 스몰: 쏘우 이프 유 잍: 미 유 워운(트) 비 풀."

19 "이프 유 렡 미 리브, 아이 윌 페이 유 백."

20 더 마우스 크**라**이드 앤(드) 벡드.

- 스께어r드
- 스따:r트
- 쉐이크
- 디든트
- 노우
- 퍼r기브
- 플리:드
- 캔:트
- 비 어바웉 투
- 잍:
- 렡
- 리브
- 스몰:
- 이프
- 워운트
- 풀
- 윌
- 페이 백
- 크라이
- 베그

11 생쥐는 무서워서 떨기 시작했어요.

12 "저는 사자님인 줄 정말 몰랐어요."

13 "저를 용서해주세요."

14 생쥐는 사자에게 싹싹 빌었어요.

15 "너를 용서할 수 없다!"

16 사자는 생쥐를 막 삼키려고 했어요.

17 "제발 살려주세요."

18 "저는 작아서 먹어도 배부르지 않을 거예요."

19 "살려 주시면 은혜를 꼭 갚겠습니다."

20 생쥐는 울면서 사정했어요.

- 무서워하는
- 시작하다
- 떨다
- 아니었다
- 알다
- 용서하다
- 애원하다
- 할 수 없다
- 막 ~하려고 하다
- 먹다
- ~하도록 하다
- 살다
- 작은
- 만약 ~라면
- 하지 않을 것이다
- 배부른
- ~할 것이다
- 갚아 주다
- 울다
- 간청하다

05

더 마우스 앤(드) 더 라이언

21 "하우 아r 유 고잉 투 페이 미 백?"

22 더 **라**이언 래프트 앹 더 마우스.

23 "아이 게스 아이 워운(트) 비 풀 이프 아이 잍: 츄."

24 더 **라**이언 렡 더 마우스 고우.

25 어 퓨: 데이즈 패스트 바이.

26 더 **라**이언 웬트 인투 더 **포**:레스트 투 룩 퍼r 푸:드.

27 "윝 이즈 디스?"

28 더 **라**이언 같 콭: 인 어 **헌**터r즈 네트.

29 "헬프 미! 썸원 헬프 미!"

30 벝 노우 원 워즈 어라운드.

• 비 고잉 투	• 페이 백	• 래프	• 게스
• 워운트	• 렡	• 고우	• 어 퓨:
• 패스 바이	• 인투	• **포**:레스트	• 룩 퍼r
• 윝	• 캐취	• **헌**터r	• 넽
• 헬프	• 썸원	• 노우 원	• 어라운드

㉑ "네가 어떻게 은혜를 갚겠다는 거냐?"

㉒ 사자는 생쥐의 말이 우스웠어요.

㉓ "먹는다고 배부르지 않을 것 같구나."

㉔ 사자는 생쥐를 놓아주었어요.

㉕ 며칠이 지났었어요.

㉖ 사자는 먹이를 찾아 숲속으로 들어갔어요.

㉗ "이게 뭐지?"

㉘ 사자는 사냥꾼의 그물에 걸렸어요.

㉙ "도와주세요! 누구 도와주세요!"

㉚ 하지만 주변엔 아무도 없었어요.

• ~할 것이다	• 갚아 주다	• 웃다	• 추측하다
• 하지 않을 것이다	• ~하도록 하다	• 가다	• 몇몇의
• 지나가다	• ~안으로	• 숲	• ~을 찾다
• 무엇	• 잡다	• 사냥꾼	• 그물
• 돕다	• 누군가	• 아무도 없다	• 주위에

더 마우스 앤(드) 더 라이언

31 더 **라**이언 비케임 모어r 탱글드 애즈 히 무<u>브</u>드 어<u>라</u>운드.

32 "나우 아이 윌 다이 쑨: "

33 더 마우스 허:r(드) 더 **라**이언 크<u>라</u>잉 프럼 <u>파</u>r 어웨이.

34 더 마우스 크위끌리 <u>랜</u> 투 더 **라**이언.

35 더 마우스 쏘: 더 라이언 콜: 인 어 넽.

36 "호울드 온. 아이 윌 쎄이브 유."

37 더 마우스 컨<u>피</u>던리 토울(드) 더 라이언.

38 "하우 아r 유 고잉 투 쎄이<u>브</u> 미?"

39 더 **라**이언 디든트 빌리<u>브</u> 더 마우스.

40 "던(트) 워<u>리</u>, 쥐스(트) 추<u>러</u>스트 미."

- 비컴   - 탱글   - 애즈   - 무브
- 나우   - 다이   - 쑨: - 히어r
- 크<u>라</u>이   - <u>프럼 파러웨이</u>   - 크위끌리   - 씨:
- 넽   - 호울드   - 쎄이브   - 컨<u>피</u>던리
- 텔   - 빌리브   - 워<u>리</u>   - 추<u>러</u>스트

㉛ 사자가 움직일수록 더 꼬였어요.

㉜ "이제 난 곧 죽겠구나."

㉝ 생쥐는 멀리서 사자의 울음소리를 들었어요.

㉞ 생쥐는 서둘러 사자에게 달려갔어요.

㉟ 생쥐는 그물에 걸린 사자를 봤어요.

㊱ "잠시만 기다리세요. 제가 구해드릴게요."

㊲ 생쥐는 자신 있게 사자에게 말했어요.

㊳ "네가 어떻게 나를 구한단 말이냐?"

㊴ 사자는 생쥐의 말을 믿지 않았어요.

㊵ "걱정하지 마세요. 저를 믿어보세요."

• 되다	• 엉키게 하다	• ~할수록	• 움직이다
• 이제	• 죽다	• 곧	• 듣다
• 울다	• 멀리에서	• 빠르게	• 보다
• 그물	• 잡다	• 구하다	• 자신 있게
• 말하다	• 믿다	• 걱정하다	• 믿다

41 더 마우스 츄:드 온 더 넽 윋 히즈 티:쓰.

42 더 넽 워즈 하:r드 애(즈) 스띨:.

43 더 마우스 워즈 스웨딩 어 랕.

44 더 넽 스따:r딛 투 브레이크 피:스 바이 피:스.

45 파이널리, 더 마우스 메이드 어 빅 호울 인 더 넽.

46 "**라**이언, 유 캔 컴 아웉 나우."

47 "땡 큐 베리 머취. 유 쎄이브드 미."

48 더 **라**이언 같 아웉 어브 더 넽 쎄이플리.

49 더 **라**이언 위스뻐r(드) 투 더 마우스.

50 "레츠 런 어웨이 비**포**:어r 더 **헌**터r 컴즈 백."

•츄:	•네트	•투쓰	•하:r드
•애즈	•스띨:	•스웨트	•얼랕
•브레이크	•피:스	•파이널리	•호울
•컴 아웉	•쎄이브	•쎄이플리	•위스퍼r
•런 어웨이	•비**포**:어r	•**헌**터r	•컴 백

41　생쥐는 이빨들로 그물을 갉았어요.

42　그물은 강철처럼 단단했어요.

43　생쥐는 땀을 뻘뻘 흘렸어요.

44　그물이 조금씩 끊어지기 시작했어요.

45　마침내 생쥐가 그물에 큰 구멍을 만들었어요.

46　"사자님, 이제 나오세요."

47　"정말 고맙다. 네가 날 살렸어."

48　사자는 그물에서 무사히 빠져나왔어요.

49　사자가 생쥐에게 속삭였어요.

50　"사냥꾼이 다시 오기 전에 도망가자."

• 씹다	• 그물	• 이빨	• 단단한
• ~같이	• 강철	• 땀을 흘리다	• 많이
• 부서지다	• 조각	• 마침내	• 구멍
• 나오다	• 구하다	• 안전하게	• 속삭이다
• 도망가다	• ~전에	• 사냥꾼	• 돌아오다

05

더 마우스 앤(드) 더 라이언

51 "오케이, 레츠 고우."

52 더 **라**이언 캐**리**(드) 더 마우스 온 히즈 백.

53 더 **라**이언 앤(드) 더 마우스 웬(트) 투 어 쎄이프 플레이스.

54 "디 쥬 언더r에스떠메잍 미 비커:즈 아이 워(즈) 스몰:?"

55 "데어r 아r 타임즈 웬 유 니드 어 스몰: 마우스."

56 더 마우스 워즈 프**라**우드 어브 힘쎌프.

57 "유어r 앱쏠룻리 라잍."

58 "이프 잍 워즌(트) 퍼:r 유, 아이 울 비 데드 나우."

59 "아이 워운트 언더r에스터메잍 유 **에**니모어r."

60 데이 컨티 뉴(드) 투 헬프 이취 아더r 프럼 댙 데이 온.

• 레츠	• 캐**리**	• 백	• 쎄이프
• 플레이스	• 언더r에스떠메잍	• 비커:즈	• 스몰:
• 데어r 아r	• 타임	• 니:드	• 비 프**라**우드 오브
• 힘쎌프	• 앱쏠룻리	• 라이트	• 데드
• 워운트	• 에니모어r	• 컨티뉴	• 이취 아더r

51 "좋아요. 어서 가요."

52 사자는 생쥐를 등에 태웠어요.

53 사자와 생쥐는 안전한 곳으로 갔어요.

54 "몸이 작다고 저를 얕보셨죠?"

55 "작은 생쥐가 필요할 때도 있답니다."

56 생쥐는 자신이 자랑스러웠어요.

57 "네 말이 정말로 맞다."

58 "네가 없었다면, 나는 지금쯤 죽었을거야."

59 "더 이상 너를 무시하지 않을게."

60 그날 이후로 그들은 서로 도우며 살았답니다.

• ~하자	• 업고 가다	• 등	• 안전한
• 장소	• 얕잡아 보다	• ~때문에	• 작은
• ~이 있다	• 때	• 필요로 하다	• 자랑스러워하다
• 그 자신	• 전적으로	• 옳은	• 죽은
• 하지 않을 것이다	• 더이상	• 계속하다	• 서로

01	어 **라**이언 워즈 슬리삥 ~	16	더 **라**이언 워즈 어바웉 ~
02	어 마우스 액씨덴리 ~	17	"플리:즈 렡 ~
03	더 마우스 클라임드 ~	18	"아임 스몰: 쏘우 ~
04	"이츠 리얼리 쏘:프트 ~	19	"이프 유 렡 미 ~
05	더 마우스 쥠트 어라운드 ~	20	더 마우스 크라이드 ~
06	써든리, 더 **라**이언 ~	21	"하우 아r 유 고잉 ~
07	"오우 룩, ~	22	더 **라**이언 래프트 ~
08	더 **라**이언 픽트 엎 ~	23	"아이 게스 아이 ~
09	"하우 데어r 유 ~	24	더 **라**이언 렡 ~
10	더 **라**이언 쎌 인 ~	25	어 퓨: 데이즈 ~
11	더 마우스 워(즈) ~	26	더 **라**이언 웬트 인투 ~
12	"아이 디든(트) 노우 ~	27	"윌 이즈 ~
13	"플리:즈 ~	28	더 **라**이언 같 콜: ~
14	더 마우스 플리:딛 ~	29	"헬프 미! ~
15	"아이 캔:(트) 퍼r기브 ~	30	빝 노우 원 ~

31 더 **라**이언 비케임 모어r ~

32 "나우 아이 윌 ~

33 더 마우스 허:r(드) ~

34 더 마우스 크위끌리 ~

35 더 마우스 쏘: ~

36 "호울드 온. ~

37 더 마우스 컨피던리 ~

38 "하우 아r 유 고잉 ~

39 더 **라**이언 디든트 ~

40 "던(트) 워리, ~

41 더 마우스 츄:드 ~

42 더 넽 워즈 하:r드 ~

43 더 마우스 워즈 ~

44 더 넽 스따:r딛 투 ~

45 파이널리, 더 마우스 ~

46 "**라**이언, 유 캔 ~

47 "땡 큐 베리 머취. ~

48 더 **라**이언 같 아웉 ~

49 더 **라**이언 위스뻐r(드) ~

50 "레츠 런 어웨이 ~

51 "오케이, 레츠 ~

52 더 **라**이언 캐리(드) ~

53 더**라**이언앤(드)더마우스 ~

54 "디 쥬 언더r에스떠메잍 ~

55 "데어r 아r 타임즈 ~

56 더마우스워즈프라우드 ~

57 "유어r 앱쏠룰리 ~

58 "이프 잍 워즌(트) 펄:r유, ~

59 "아이 워운트 ~

60 데이 컨티뉴(드) 투 헬프 ~

01 사자가 나무 밑에서 ~

02 생쥐가 우연히 ~

03 생쥐가 사자의 ~

04 "여긴 정말 ~

05 생쥐는 사자의 ~

06 갑자기 사자는 ~

07 "어라, ~

08 사자는 생쥐를 ~

09 "감히 나의 단잠을 ~

10 사자는 화난 ~

11 생쥐는 무서워서 ~

12 "저는 사자님인 줄 ~

13 "저를 ~

14 생쥐는 사자에게 ~

15 "너를 용서할 ~

16 사자는 생쥐를 ~

17 "제발 ~

18 "저는 작아서 ~

19 "살려 주시면 ~

20 생쥐는 울면서 ~

21 "네가 어떻게 ~

22 사자는 생쥐의 말이 ~

23 "먹는다고 ~

24 사자는 생쥐를 ~

25 며칠이 ~

26 사자는 먹이를 찾아 ~

27 "이게 ~

28 사자는 사냥꾼의 ~

29 "도와주세요! ~

30 하지만 주변엔 ~

31 사자가 움직일수록 ~

32 "이제 난 ~

33 생쥐는 멀리서 ~

34 생쥐는 서둘러 ~

35 생쥐는 그물에 ~

36 "잠시만 기다리세요. ~

37 생쥐는 자신 있게 ~

38 "네가 어떻게 나를 ~

39 사자는 생쥐의 ~

40 "걱정하지 마세요. ~

41 생쥐는 이빨들로 ~

42 그물은 강철처럼 ~

43 생쥐는 땀을 ~

44 그물이 조금씩 ~

45 마침내 생쥐가 그물에 ~

46 "사자님, ~

47 "정말 고맙다. ~

48 사자는 그물에서 ~

49 사자가 생쥐에게 ~

50 "사냥꾼이 다시 ~

51 "좋아요. ~

52 사자는 생쥐를 ~

53 사자와 생쥐는 ~

54 "몸이 작다고 ~

55 "작은 생쥐가 필요할 ~

56 생쥐는 자신이 ~

57 "네 말이 ~

58 "네가 없었다면, ~

59 "더 이상 너를 ~

60 그날 이후로 그들은 ~

여러분을 응원합니다 !

**한글영어학습에 대해서 궁금한 점이 있다면
한글영어 공식카페로 질문해주세요.**

한글영어 공식카페

https://cafe.naver.com/korchinese

모든 질문에 성심껏
답변을 드리도록 하겠습니다.

06

추레줘r 인 더 빈야:r드

포도밭의 보물

"한글발음을 읽을 때,
영어소리를 온몸으로 느낀다고 생각하며 읽는다"

ㅍ, ㄹ, ㅂ 는 각각 f, r, v 발음 표시
진한 발음은 강세 표시

01 어 **파:**r머r 핻 어 라:r쥐 빈야r드.

02 더 **파:**r머r 월:r트 하:r드 에브리데이 위다웉 레스팅.

03 더 빈야r드 워즈 풀 어브 그레잎스.

04 "더 그레잎스 룩 딜리셔스."

05 더 **파:**r머r 워즈 프라우드 어브 히즈 그레잎스.

06 "아이 슙 픽스 더 펜스 나우."

07 더 **파:**r머r 툭 어 해머r 앤(드) 네일스.

08 더 **파:**r머r 스따:r딛 투 픽스 더 브로우끈 펜스.

09 히 힡 더 네일 하:r드 윝 더 해머r.

10 "아이 캔:(트) 슬맆 윋 올 디스 노이즈."

• **파:**r머r	• 라:r쥐	• 빈야:r드	• 하:r드
• 에브리데이	• 위다웉	• 레스트	• 비 풀 어브
• 그레잎	• 룩	• 딜리셔스	• 비 프라우드 어브
• 픽스	• 펜스	• 해머r	• 네일
• 브로우끈	• 힡	• 하:r드	• 슬맆

01 한 농부가 큰 포도밭을 가지고 있었어요.

02 농부는 쉬지 않고 매일 열심히 일했어요.

03 포도밭은 포도로 가득했어요.

04 "포도가 참 맛있게 생겼구나."

05 농부는 그의 포도를 자랑스러워했어요.

06 "이제 울타리를 손질하러 가볼까."

07 농부는 망치와 못을 가져갔어요.

08 농부는 부서진 울타리를 고치기 시작했어요.

09 농부는 못을 망치로 세게 내리쳤어요.

10 "시끄러워서 잘 수가 없네."

• 농부	• 큰	• 포도밭	• 열심히
• 매일	• ~없이	• 쉬다	• ~로 가득하다
• 포도	• 보이다	• 맛있는	• 자랑스러워하다
• 고치다	• 울타리	• 망치	• 못
• 부서진	• 치다	• 세게	• 잠자다

06 추레쥐r 인 더 빈야:r드

11 더 노이즈 워크 엎 더 **파**:r머r(즈) 썬.

12 "**파**:더r, 스땊 픽씽 더 펜스."

13 히즈 **파**:더r **스**떠번리 리플라이드.

14 "더 펜스 해즈 투 비 스추롱 투 프러**텍**(트) 더 그레잎스."

15 더 **파**:r머r즈 썬 쿨 낱 언더r**스**땐드 힘.

16 벝 원 데이, 더 **파**:r머r 패스트 어웨이.

17 히즈 썬 햎 투 테익 케어r 어브 더 빈야:r드 얼로운.

18 애즈 타임 패스트, 더 펜스 비케임 오울드 앤(드) 브로우끈.

19 "웬 윌 아이 픽스 더 펜스?"

20 더 **파**:r머r(즈) 썬 디든(트) 원 투 픽스 더 펜스.

• 노이즈	• 웨이크 엎	• 썬	• **파**:더r
• 스땊	• **스**떠번리	• 리플라이	• 스추롱
• 프러**텍**트	• 언더r**스**땐드	• 원 데이	• 패스 어웨이
• 해브 투	• 테익 케어r 어브	• 빈야:r드	• 얼로운
• 패스	• 펜스	• 브로우끈	• 픽스

⑪ 시끄러운 소리가 농부의 아들을 깨웠어요.

⑫ "아버지, 그만 좀 울타리를 고치세요."

⑬ 아버지는 단호하게 대답했어요.

⑭ "울타리가 튼튼해야 포도를 지킬 수 있단다."

⑮ 아들은 아버지를 이해할 수 없었어요.

⑯ 그러던 어느 날, 농부가 돌아가셨어요.

⑰ 아들 혼자 포도밭을 가꾸어야 했어요.

⑱ 시간이 흐르자, 울타리는 낡고 부서졌어요.

⑲ "언제 울타리를 고치지?"

⑳ 아들은 울타리를 고치고 싶지 않았어요.

•소음	•잠을 깨우다	•아들	•아버지
•멈추다	•단호하게	•대답하다	•튼튼한
•보호하다	•이해하다	•어느 날	•돌아가시다
•해야만 한다	•~을 돌보다	•포도밭	•혼자
•(시간이) 흐르다	•울타리	•부서진	•고치다

06
추레줘r 인 더 빈야:r드

21 "아이 슡 줘슡 겥 릳 어브 잍."

22 더 썬 툭 더 펜스 어**파**:r트.

23 "아이 던(트) 니:(드) 투 **피**ㄱ스 더 펜스 **에**니모어r!"

24 **애**프떠r 어 와일, 잍 워즈 그레잎 **씨**:즌.

25 벝 데어r 원:r트 애즈 매니 그레잎스 디스 이어r.

26 잍 워즈 비커:즈 데어r 워즈 노우 펜스.

27 두링 더 나잍, 팔:씨즈 에잍 썸 어브 더 그레잎스.

28 두링 더 데이, 칠드런 에잍 썸 어브 더 그레잎스.

29 "데이어r 쏘우 야미! 유 슡 추라이 썸."

30 "이츠 오우케이 비커:즈 데어r 아r 이너프 그레잎스."

- 슡
- 겥 릳 어브
- 테이크 어파:r트
- 니:드
- 에니모어r
- 애프떠r 어 와일
- 씨:즌
- 애즈 매니
- 디스 이어r
- 비커:즈
- 두링
- 나이트
- 팔:스
- 데이
- 칠드런
- 야미
- 추라이
- 오우케이
- 이너프
- 그레잎

㉑ "내가 그냥 치워버려야겠다."

㉒ 아들은 울타리를 걷어 버렸어요.

㉓ "더 이상 울타리를 고칠 필요가 없구나!"

㉔ 얼마 후, 포도 수확 철이 됐어요.

㉕ 그런데 올해는 포도가 전만큼 많지 않았어요.

㉖ 그건 울타리가 없었기 때문이에요.

㉗ 밤에는 여우들이 포도를 따 먹었어요.

㉘ 낮에는 꼬마들이 포도를 따 먹었어요.

㉙ "정말 맛있다! 너도 먹어봐."

㉚ "포도가 충분하니까 괜찮아."

• 해야겠다	• 제거하다	• 분해하다	• 필요하다
• 더 이상	• 얼마 후	• 계절	• 같은 수 만큼의
• 올해	• ~때문에	• 동안	• 밤
• 여우	• 낮	• 아이들	• 맛있는
• 먹어 보다	• 괜찮은	• 충분한	• 포도

31 더 스추레인줘r즈 워든(트) 리:브 더 빈야:r드.

32 "디스 빈야:r드 더즌(트) 해브 어 펜스."

33 "위 캔 고우 인싸이드 앤(드) 잍 썸 그레잎스."

34 더 스추레인줘r즈 브랕: 어 배스낕 투 픽 그레잎스.

35 "던(트) 스띨: 마이 그레잎스!"

36 더 앵그리 썬 왙취드 오우버r 더 빈야:r드.

37 벝 잍 워즈 올:레디 디스추로이드.

38 그레잎스 워r 스깨더r드 올 오우버r 더 필:드.

39 이븐 더 추리: 브랜취즈 워r 보로우끈.

40 "오우 노우, 윁 윌 아이 두?"

• 스추레인줘r	• 리:브	• 빈야:r드	• 인싸이드
• 썸	• 브링	• 배스낕	• 픽
• 던(트)	• 스띨	• 앵그리	• 왙취 오우버r
• 올:레디	• 디스추로이	• 스깨러r	• 올: 오우버r
• 필:드	• 이븐	• 브랜취	• 브로우끈

31 나그네들도 포도밭을 가만두지 않았어요.

32 "이 포도밭에는 울타리가 없어."

33 "들어가서 포도 좀 따먹을 수 있어."

34 나그네들은 포도를 딸 바구니를 가져왔어요.

35 "내 포도를 훔치지 마!"

36 화가 난 아들은 포도밭을 지켰어요.

37 하지만 포도밭은 이미 망가졌어요.

38 포도가 밭의 여기저기에 떨어져 있었어요.

39 심지어 나뭇가지들이 부러져 있었어요.

40 "세상에, 어떡하면 좋지?"

• 낯선 사람	• 그대로 두다	• 포도밭	• 안쪽에
• 조금	• 가져오다	• 바구니	• 따다
• ~하지 마라	• 훔치다	• 화난	• ~을 지켜보다
• 이미	• 훼손하다	• 뿌리다	• 곳곳에
• 밭	• 심지어	• 나뭇가지	• 부서진

41 더 **파**:r머r(즈) 썬 워즈 쓰삐:췰레스.

42 써든리, 히 리멤버r드 히즈 **파**:더r즈 어드바이스.

43 더 썬 웬(트) 투 히즈 **파**:더r즈 그레이브.

44 "**파**:더r, 아이 메읻 어 미스떼읽."

45 더 썬 크라이드 인 프런트 어브 히즈 **파**:더r즈 그레이브.

46 "나우 아이 노우 와이 유 픽스(트) 더 펜스."

47 "아이 윌 메익 어 뉴 펜스 투 프러**텍**(트) 더 그레잎스."

48 더 썬 리그레딛 비잉 레이지.

49 더 넥스(트) 데이, 히 워크 엎 **어얼**:r리.

50 히 디싸이딛 투 킾 히즈 **프라**:미스 투 히즈 **파**:더r.

•스삐:췰레스	•써든리	•리멤버r	•어드바이스
•그레이브	•미스떼일	•크라이	•인 프런트 어브
•와이	•픽스	•메이크	•프러**텍**트
•리그렐	•레이지	•넥스트	•웨이크 엎
•**어얼**:r리	•디싸이드	•킾	•**프라**:미스

41 농부의 아들은 할 말을 잃었어요.

42 갑자기, 아버지의 충고가 기억이 났어요.

43 아들은 아버지의 무덤을 찾아갔어요.

44 "아버지 제가 잘못했습니다."

45 아들은 아버지의 무덤 앞에서 울었어요.

46 "이제 아버지가 울타리를 고친 이유를 알겠어요."

47 "새 울타리를 만들고 포도를 잘 지킬게요."

48 아들은 게을렀던 것을 후회했어요.

49 다음 날, 그는 일찍 일어났어요.

50 그는 아버지와의 약속을 지키기로 결심했어요.

• 말을 못하는	• 갑자기	• 기억하다	• 충고
• 무덤	• 잘못	• 울다	• ~의 앞에
• 왜	• 고치다	• 만들다	• 보호하다
• 후회하다	• 게으른	• 다음	• 잠에서 깨다
• 일찍	• 결심하다	• 지키다	• 약속

51 히 핻 어 **셔블**, (워)우드, 앤(드) 썸 와이어r.

52 더 썬 월:r트 하드 올: 데이 롱:.

53 "아임 피니쉬트!"

54 파이널리, 더 스떠r디 펜스 워즈 컴플리트.

55 "나우 노우 원 윌 겔 인투 마이 빈야:r드."

56 더 썬 케어r플리 왙취트 히즈 빈야:r드 댈 이어r.

57 더 그레잎 추리:즈 스따r딛 투 그로우 프루:트.

58 더 썬 웬(트) 투 히즈 **파**:더r즈 그레이브 어겐.

59 "유어 어드바이스 헬프 미 그로우 **라**츠 어브 그레잎스."

60 더 썬 리브드 해쁠리 와일 러닝 히즈 빈야:r드.

• **셔블**	• (워)우드	• 와이어r	• 하:r드
• 올: 데이 롱:	• 피니쉬	• 파이널리	• 스떠r디
• 컴플리트	• 노우 원	• 겔 인투	• 케어r플리
• 댈 이어r	• 그로우	• 그레이브	• 어드바이스
• **라츠 어브**	• 해쁠리	• 와일	• 런

51 아들은 삽과 목재와 철조망을 준비했어요.

52 아들은 하루 종일 열심히 일했어요.

53 "이제 다했다!"

54 드디어 튼튼한 울타리가 완성되었어요.

55 "이제 아무도 포도밭에 들어올 수 없을 거야."

56 그해 아들은 포도밭을 정성 들여 돌보았답니다.

57 포도나무가 열매를 맺기 시작했어요.

58 아들은 다시 아버지 무덤에 찾아갔어요.

59 "아버지 충고 덕분에 많은 포도를 재배했어요"

60 아들은 포도밭을 관리하면서 행복하게 살았답니다.

• 삽	• 목재	• 철조망	• 열심히
• 하루 종일	• 마치다	• 마침내	• 튼튼한
• 완성된	• 아무도 없다	• ~에 들어가다	• 주의깊게
• 그해	• 재배하다	• 무덤	• 충고
• 많은	• 행복하게	• ~하는 동안에	• 운영하다

01 어 **파**:r머r 핻 ~

02 더 **파**:r머r 월:r트 ~

03 더 빈야r드 워즈 ~

04 "더 그레잎스 룩 ~

05 더 **파**:r머r 워즈 프라우드 ~

06 "아이 슢 필스 ~

07 더 **파**:r머r 툭 ~

08 더 **파**:r머r 스따:r딘 ~

09 히 힐 더 네일 ~

10 "아이 캔:(트) 슬맆 ~

11 더 노이즈 워크 ~

12 "**파**:더r, 스땊 ~

13 히즈 **파**:더r **스**떠번리 ~

14 "더 펜스 해즈 투 ~

15 더 **파**:r머rz 썬 ~

16 벝 원 데이, ~

17 히즈 썬 핻 투 테일 ~

18 애즈 타임 패스트, ~

19 "웬 윌 아이 필스 ~

20 더 **파**:r머r(즈) 썬 디든(트) ~

21 "아이 슢 쥬슡 ~

22 더 썬 툭 더 펜스 ~

23 "아이 던(트) 니:(드) ~

24 **애**프떠r 어 와일, ~

25 벝 데어r 원:r트 ~

26 잍 워즈 비커:즈 ~

27 두링 더 나잍, ~

28 두링 더 데이, ~

29 "데이어r 쏘우 야미! ~

30 "이츠 오우케이 비커:즈 ~

31 더 스추레인줘r즈 ~

32 "디스 빈야:r드 ~

33 "위 캔 고우 인싸이드 ~

34 더 스추레인줘r즈 브롵: ~

35 "던(트) 스띨: ~

36 더 앵그리 썬 왙취드 ~

37 벹 잍 워즈 올:레디 ~

38 그레잎스 워r 스깨더r드 ~

39 이븐 더 추리: 브랜취즈 ~

40 "오우 노우, ~

41 더 파:r머r(즈) 썬 워즈 ~

42 써든리, 히 리멤버r드 ~

43 더 썬 웬(트) 투 히즈 ~

44 "파:더r, 아이 메잍 ~

45 더 썬 크라이드 인 프런트 ~

46 "나우 아이 노우 와이 ~

47 "아이 윌 메익 ~

48 더 썬 리그레딜 ~

49 더 넥스(트) 데이, ~

50 히 디싸이딛 투 킾 ~

51 히 핻 어 셔블, ~

52 더 썬 웤:r트 하r드 ~

53 "아임 ~

54 파이널리, 더 스떠r디 ~

55 "나우 노우 원 윌 ~

56 더 썬 케어r플리 왙취트 ~

57 더 그레잎 추리:즈 ~

58 더 썬 웬(트) 투 히즈 ~

59 "유어 어드바이스 ~

60 더 썬 리브드 해쁠리 ~

의미힌트 보고 영어문장 **말하기**   리뷰 ❸

01 한 농부가 큰 포도밭을 ~

02 농부는 쉬지 않고 ~

03 포도밭은 포도로 ~

04 "포도가 참 ~

05 농부는 그의 포도를 ~

06 "이제 울타리를 ~

07 농부는 망치와 ~

08 농부는 부서진 ~

09 농부는 못을 망치로 ~

10 "시끄러워서 ~

11 시끄러운 소리가 ~

12 "아버지, 그만 좀 ~

13 아버지는 단호하게 ~

14 "울타리가 튼튼해야 ~

15 아들은 아버지를 ~

16 그러던 어느 날, ~

17 아들 혼자 포도밭을 ~

18 시간이 흐르자, ~

19 "언제 울타리를 ~

20 아들은 울타리를 ~

21 "내가 그냥 ~

22 아들은 울타리를 ~

23 "더 이상 울타리를 ~

24 얼마 후, 포도 수확 ~

25 그런데 올해는 포도가 ~

26 그건 울타리가 없었기 ~

27 밤에는 여우들이 ~

28 낮에는 꼬마들이 ~

29 "정말 맛있다! ~

30 "포도가 충분하니까 ~

31 나그네들도 포도밭을 ~

32 "이 포도밭에는 ~

33 "들어가서 포도 ~

34 나그네들은 포도를 ~

35 "내 포도를 ~

36 화가 난 아들은 ~

37 하지만 포도밭은 ~

38 포도가 밭의 여기저기에 ~

39 심지어 나뭇가지들이 ~

40 "세상에, ~

41 농부의 아들은 ~

42 갑자기, 아버지의 충고가 ~

43 아들은 아버지의 ~

44 "아버지 제가 ~

45 아들은 아버지의 ~

46 "이제 아버지가 울타리를 ~

47 "새 울타리를 만들고 ~

48 아들은 게을렀던 것을 ~

49 다음 날, 그는 일찍 ~

50 그는 아버지와의 약속을 ~

51 아들은 삽과 목재와 ~

52 아들은 하루 종일 ~

53 "이제 ~

54 드디어 튼튼한 ~

55 "이제 아무도 포도밭에 ~

56 그해 아들은 포도밭을 ~

57 포도나무가 열매를 ~

58 아들은 다시 아버지 ~

59 "아버지 충고 덕분에 ~

60 아들은 포도밭을 ~

여러분을 응원합니다 !

한글영어학습에 대해서 궁금한 점이 있다면
한글영어 공식카페로 질문해주세요.

한글영어 공식카페

https://cafe.naver.com/korchinese

모든 질문에 성심껏
답변을 드리도록 하겠습니다.

더 **래**빝 앤(드) 더 **터**:r들

토끼와 거북이

**"한글발음을 읽을 때,
영어소리를 온몸으로 느낀다고 생각하며 읽는다"**

ㅍ, ㄹ, ㅂ 는 각각 f, r, v 발음 표시
진한 발음은 강세 표시

01 어 **래**빝 앤(드) 어 **터**:r들 리브드 인 어 **빌리쥐**

02 더 **래**빝 **랜 인투** 더 **터**:r들.

03 더 **래**빝 **쎋** 투 더 **슬로우 터**:r들.

04 "하우 아r 유 고잉 투 겔 호움 **라익** 댙?"

05 더 **래**비츠 **워**:r즈 **엎쎋** 더 **터**:r들.

06 "던 **브래그** 어바웉 **하우 패스트** 유 아r."

07 "위 **던(트) 노우** 후즈 **패**스떠r **옐**."

08 더 **래**빝 **래프**트 아웉 **라우드**.

09 "**덴** 레츠 씨: 후 이즈 **패**스떠r."

10 더 **래**빝 **쳴린쥐**(드) 더 **터**:r들 투 어 **레이스**.

• **래**빝	• **터**:r들	• **빌리쥐**	• **런 인투**
• 슬로우	• 비 고잉 투	• 겔 호움	• 라이크
• **워**:r드	• **엎쎋**	• **던트**	• 브래그
• 하우 패스트	• 노우	• 옐	• 래프
• 라우드	• 덴	• **쳴린쥐**	• **레이스**

01 어느 마을에 토끼와 거북이가 살았어요.

02 토끼는 우연히 거북이를 만났어요.

03 토끼는 걸음이 느린 거북이에게 말했어요.

04 "그렇게 해서 언제 집에 갈래?"

05 토끼의 말은 거북이의 기분을 상하게 했어요.

06 "네가 얼마나 빠른지 자랑하지 마."

07 "누가 더 빠른지 아직 알 수 없어."

08 토끼는 크게 웃었어요.

09 "그럼 누가 더 빠른지 해보자."

10 토끼가 거북이에게 달리기 시합을 제안했어요.

• 토끼	• 거북이	• 마을	• 우연히 만나다
• 느린	• ~할 것이다	• 집에 들어가다	• ~처럼
• 말	• 마음 상하게 하다	• ~하지 마라	• 자랑하다
• 얼마나 빨리	• 알다	• 아직	• 웃다
• 큰소리의	• 그러면	• 도전하다	• 경주

11 더 **터:r**들 <u>리</u>플라이드 <u>라</u>잍 어웨이.

12 "<u>파</u>인. 레츠 해브 어 <u>레</u>이스!"

13 잍 워즈 더 데이 어브 더 <u>레</u>이스.

14 아더r **애**니멀즈 후 허:r(드) 더 뉴스 **개**더r드 어<u>라</u>운드.

15 "더 <u>퍼</u>r스트 원 투 <u>리</u>:취 댙 마운튼 윈즈."

16 더 베어r 워즈 더 <u>레퍼리</u>:.

17 더 **래**빝 앤(드) 더 **터:r**들 스뚜드 앺 더 스따:r딩 라인.

18 더 베어r 게이브 뎀 더 씨그늘 투 비긴.

19 "<u>레</u>:디, 쎝, 고우."

20 더 **래**빝 스따:r딛 더 <u>레</u>이스 <u>퍼</u>:r스트.

• <u>리</u>플라이	• <u>라</u>잍 어웨이	• <u>파</u>인	• 레이스
• 아더r	• 애니멀	• 히어r	• 뉴스
• **개**더r	• **퍼**:r스트	• <u>리</u>:취	• 마운튼
• 윈	• 베어r	• <u>레퍼리</u>:	• 스땐드
• 라인	• 씨그늘	• 비긴	• <u>레</u>:디

11 거북이가 즉시 대답했어요.

12 "좋아. 경주를 해보자!"

13 달리기 시합을 하는 날이 되었어요.

14 시합 소식을 들은 동물 친구들이 모였어요.

15 "저 산에 먼저 도착하는 쪽이 이기는 거야."

16 곰이 심판이었어요.

17 토끼와 거북이는 출발선에 섰어요.

18 곰이 출발 신호를 알렸어요.

19 "제자리에, 준비, 출발!"

20 토끼가 먼저 달려나갔어요.

• 대답하다	• 즉시	• 좋은	• 경주
• 다른	• 동물	• 듣다	• 소식
• 모이다	• 첫 번째	• 도착하다	• 산
• 이기다	• 곰	• 심판	• 서다
• 선	• 신호	• 시작하다	• 준비가 된

21 더 **터**:r들 슬로울리 무브드 포:r워rd.

22 더 **래**빝 후 워즈 파:r 어헤드 룩트 백.

23 벝 히 디든(트) 씨: 더 **터**:r들.

24 "더 **터**:r들 리얼리 숃: 히 핸 어 챈스.

25 더 **래**빝 룩트 어라운드.

26 "데어r(즈) 쉐이드 언더r 더 추리: 오우버r 데어r."

27 "아일 윈 이븐 이프 아이 테익 어 숃:r 레스트."

28 더 **래**빝 레이(드) 다운 언더r 더 추리:.

29 더 **래**빝 온리 원팉 투 테익 어 숃:r 레스트.

30 벝 더 **래**빝 펠 인투 어 딮: 슬맆.

- 슬로울리
- 무브
- 포:r워rd
- 파:r 어헤드
- 룩 백
- 터:r들
- 리얼리
- 챈스
- 룩 어라운드
- 쉐이드
- 언더r
- 오우버r 데어r
- 윈
- 이븐 이프
- 숃:r
- 레스트
- 라이
- 폴: 인투
- 딮
- 슬맆

21 거북이는 천천히 앞으로 기어갔어요.

22 한참을 앞서가던 토끼가 뒤를 돌아봤어요.

23 하지만 거북이는 보이지 않았어요.

24 "거북이는 정말 이길 줄 생각한다니까."

25 토끼는 주위를 두리번거렸어요.

26 "저기 나무 밑에 그늘이 있네."

27 "잠깐 쉬었다 가더라도 내가 이기겠다."

28 토끼는 나무 밑에 누웠어요.

29 그는 잠시동안만 쉬려고 했어요.

30 그런데 토끼는 깊은 잠에 빠졌어요.

- 느리게
- 움직이다
- 앞으로
- 훨씬 앞에
- 뒤돌아보다
- 거북이
- 정말로
- 가능성
- 둘러 보다
- 그늘
- 아래에
- 저기에
- 이기다
- 비록 ~일지라도
- 짧은
- 휴식
- 눕다
- ~에 빠지다
- 깊은
- 잠

31 민와일, 더 **터:r**들 슬로울리 켚트 고잉.

32 히 워즈 스웨티, 벝 히 디든(트) 스땊 이븐 원스.

33 "디스 이즈 어 하:r드 레이스."

34 "딛 더 **래**빝 올:레디 윈?"

35 벝 더 **터:r**들 디든(트) 기브 엎.

36 히 쏘: 더 **래**빝 슬리삥 프럼 파: 어웨이.

37 더 **터:r**들 스따:r딛 무빙 이븐 패스떠r.

38 나우 더 **터:r**들 워즈 어헤드 어브 더 **래**빝.

39 **애프**떠r 어 와일, 더 **래**빝 워크 엎.

40 "아이 필: 그레잍."

- 민와일   - 슬로울리   - 킾   - 스웨티
- 원스   - 하:r드   - 레이스   - 래빝
- 올:레디   - 윈   - 터:r들   - 기브 엎
- 슬맆: - 프럼 파: 어웨이   - 무브   - 어헤드 어브
- 애프떠r 어 와일   - 웨이크 엎   - 필: - 그레잍

31 그동안에, 거북이는 천천히 계속 갔어요.

32 그는 땀이 났지만 한 번도 멈추지 않았어요.

33 "힘든 시합이구나."

34 "토끼가 벌써 이겼을까?"

35 하지만 거북이는 포기하지 않았어요.

36 저 멀리 잠자고 있는 토끼를 봤어요.

37 거북이는 더 빠르게 기어가기 시작했어요.

38 이젠 거북이가 토끼를 앞질렀어요.

39 시간이 지나서 토끼가 깨어났어요.

40 "기분이 아주 좋다."

- 그동안에
- 한 번
- 이미
- 잠자다
- 잠시 후에
- 느리게
- 힘든
- 이기다
- 저 멀리에서
- 일어나다
- 계속하다
- 경주
- 거북이
- 움직이다
- 느끼다
- 땀투성이의
- 토끼
- 포기하다
- ~의 앞에
- 정말 좋은

41 "딛 아이 폴: 어슬맆 투 롱:?"

42 더 **래**빝 워즈 **쌱**:(트) 투 **씨**: 더 **터**:r들.

43 더 **터**:r들 워즈 올:레디 웨이 어헤드 어브 힘.

44 더 **래**빝 랜 위드 올: 어브 히즈 마이트.

45 "고우 **래**빝! 고우 **터**:r들!"

46 디 **아**더r 애니멀즈 취어r(드) 뎀 온.

47 더 **래**빝 랜 **애**프떠r 더 **터**:r들 애즈 패스트 애즈 히 쿠드.

48 벝 히 쿠든(트) 캐취 엎 투 더 **터**:r들.

49 더 **터**:r들 크로:스(트) 더 피니쉬 라인 **퍼**:r스트.

50 "아이 원. 아이 원!"

• 어슬맆	• 투: 롱:	• 샤:크	• 올:레디
• 웨이	• 어헤드 어브	• 런	• 마이트
• 고우	• **아**더r	• **애**니멀	• 취어r
• 런 **애**프떠r	• 애즈 에이 애즈 비	• 쿠든트	• 캐취 엎 투
• 크로:스	• 피니쉬 라인	• **퍼**:r스트	• 원

41 "내가 너무 오랫동안 잠에 빠졌나?"

42 토끼는 거북이를 보고 깜짝 놀랐어요.

43 거북이가 훨씬 앞서서 가고 있었어요.

44 토끼는 있는 힘을 다해 달렸어요.

45 "토끼 이겨라! 거북이 이겨라!"

46 다른 동물들이 그들을 응원했어요.

47 토끼는 가능한 빨리 거북이를 뒤쫓았어요.

48 하지만 거북이를 따라잡을 순 없었어요.

49 거북이가 먼저 결승선에 도착했어요.

50 "내가 이겼다. 내가 이겼어!"

• 잠이 든	• 너무 오래	• 깜짝 놀라게 하다	• 이미
• 훨씬	• ~의 앞에	• 달리다	• 힘
• 가다	• 다른	• 동물	• 응원하다
• ~를 뒤쫓다	• B 만큼 A 한	• 할 수 없었다	• ~를 따라잡다
• 건너다	• 결승선	• 첫 번째	• 이기다

51 올: 어브 디 **애**니멀즈 컨그래**츌**레이릳 더 **터**:r들.

52 "컨그래**츌**레이션즈 온 유어r 윈, **터**:r들."

53 더 **래**비츠 프라이드 워즈 허:r트.

54 "아이 캔:(트) 빌리브 아이 로:스(트) 투 더 **터**:r들."

55 벝 더 **래**빝 어팔:러좌이즈(드) 투 더 **터**:r들.

56 "아이 워운(트) 티:즈 유 어바웉 비잉 슬로우 **에**니모어r."

57 더 **터**:r들 래프트 앤(드) **리**플라이드.

58 "레츠 겥 얼롱: 웰 프럼 나우 온."

59 더 **래**빝 런:드 어 랕 프럼 더 **터**:r들.

60 히 디싸이딛 투 두 히즈 베스트 앹 **에**브리띵.

- **애**니멀 · **컨그래츌레잍** · **컨그래츌레이션** · **윈**
- 프라이드 · 허:r트 · 빌리브 · 루즈
- **어팔:러좌이즈** · 티:즈 · **에니모어r** · 래프
- 리플라이 · 겥 얼롱: 웰 · 프럼 나우 온 · 런
- 어 랕 · 디싸이드 · 두 워즈 베스트 · 에브리띵

51 모든 동물이 거북이를 축하해줬어요.

52 "거북아, 우승을 축하해."

53 토끼는 자존심이 상했어요.

54 "내가 거북이에게 지다니 믿을 수 없어"

55 하지만 토끼는 거북이에게 사과했어요.

56 "이제 느리다고 더 이상 놀리지 않을게."

57 거북이는 토끼에게 웃으며 대답했어요.

58 "앞으로 사이좋게 지내자."

59 토끼는 거북이에게 많은 것을 배웠어요.

60 그는 모든 일에 최선을 다하기로 결심했어요.

• 동물	• 축하하다	• 축하	• 승리
• 자존심	• 아프게 하다	• 믿다	• 지다
• 사과하다	• 놀리다	• 더 이상	• 웃다
• 대답하다	• 잘 지내다	• 이제부터	• 배우다
• 많이	• 결심하다	• 최선을 다하다	• 모든 것

01 어 **래**빝 앤(드) 어 **터**:r들 ~

02 더 **래**빝 랜 ~

03 더 **래**빝 쎋 투 ~

04 "하우 아r 유 고잉 ~

05 더 **래**비츠 워:r즈 ~

06 "던 브래그 어바웉 ~

07 "위 던(트) 노우 ~

08 더 **래**빝 래프트 ~

09 "덴 레츠 씨: 후 ~

10 더 **래**빝 췔린쥐(드) ~

11 더 **터**:r들 리플라이드 ~

12 "파인. 레츠 해브 ~

13 잍 워즈 더 데이 ~

14 아더r **애**니멀즈 후 ~

15 "더 **퍼**r스트 원 투 ~

16 더 베어r 워즈 ~

17 더 **래**빝 앤(드) 더 **터**:r들 ~

18 더 베어r 게이브 ~

19 "**레**:디, 쎋, ~

20 더 **래**빝 스따:r딛 ~

21 더 **터**:r들 슬로울리 ~

22 더 **래**빝 후 워즈 파:r ~

23 벝 히 디든(트) 씨: ~

24 "더 **터**:r들 리얼리 쏱: ~

25 더 **래**빝 룩트 ~

26 "데어r(즈) 쉐이드 언더r ~

27 "아일 윈 이븐 이프 ~

28 더 **래**빝 레이(드) 다운 ~

29 더 **래**빝 온리 원틷 ~

30 벝 더 **래**빝 펠 인투 ~

31 민와일, 더 **터:r**들 ~

32 히 워즈 스웨티, ~

33 "디스 이즈 어 ~

34 "딛 더 **래**빝 ~

35 벝 더 **터:r**들 디든(트) ~

36 히 쏘: 더 **래**빝 ~

37 더 **터:r**들 스따:r딛 ~

38 나우 더 **터:r**들 워즈 ~

39 **애**프떠r 어 와일, ~

40 "아이 필: ~

41 "딛 아이 폴: ~

42 더 **래**빝 워즈 쏻:(트) ~

43 더 **터:r**들 워즈 올:레디 ~

44 더 **래**빝 랜 위드 ~

45 "고우 **래**빝! ~

46 디 **아**더r 애니멀즈 ~

47 더 **래**빝 랜 **애**프떠r ~

48 벝 히 쿠든(트) 캐취 ~

49 더 **터:r**들 크로:스(트) ~

50 "아이 원. ~

51 올: 어브 디 **애**니멀즈 ~

52 "컨그래츌레이션즈 ~

53 더 **래**비츠 프라이드 ~

54 "아이 캔:(트) 빌리브 ~

55 벝 더 **래**빝 ~

56 "아이 워운(트) 티:즈 ~

57 더 **터:r**들 래프트 ~

58 "레츠 겥 얼롱: ~

59 더 **래**빝 런:드 ~

60 히 디싸이딛 투 두 ~

의미힌트 보고 영어문장 말하기 리뷰 ③

01 어느 마을에 토끼와 ~	16 곰이 ~
02 토끼는 우연히 ~	17 토끼와 거북이는 ~
03 토끼는 걸음이 느린 ~	18 곰이 출발 신호를 ~
04 "그렇게 해서 ~	19 "제자리에, ~
05 토끼의 말은 거북이의 ~	20 토끼가 먼저 ~
06 "네가 얼마나 빠른지 ~	21 거북이는 천천히 ~
07 "누가 더 빠른지 ~	22 한참을 앞서가던 ~
08 토끼는 크게 ~	23 하지만 거북이는 ~
09 "그럼 누가 더 ~	24 "거북이는 정말 이길 ~
10 토끼가 거북이에게 ~	25 토끼는 주위를 ~
11 거북이가 즉시 ~	26 "저기 나무 밑에 ~
12 "좋아. 경주를 ~	27 "잠깐 쉬었다 가더라도 ~
13 달리기 시합을 ~	28 토끼는 나무 밑에 ~
14 시합 소식을 들은 ~	29 그는 잠시동안만 ~
15 "저 산에 먼저 ~	30 그런데 토끼는 깊은 ~

31 그동안에, 거북이는 ~

32 그는 땀이 났지만 ~

33 "힘든 ~

34 "토끼가 벌써 ~

35 하지만 거북이는 ~

36 저 멀리 잠자고 있는 ~

37 거북이는 더 빠르게 ~

38 이젠 거북이가 ~

39 시간이 지나서 ~

40 "기분이 ~

41 "내가 너무 오랫동안 ~

42 토끼는 거북이를 ~

43 거북이가 훨씬 앞서서 ~

44 토끼는 있는 힘을 ~

45 "토끼 이겨라! ~

46 다른 동물들이 ~

47 토끼는 가능한 빨리 ~

48 하지만 거북이를 ~

49 거북이가 먼저 ~

50 "내가 이겼다. ~

51 모든 동물이 거북이를 ~

52 "거북아, ~

53 토끼는 자존심이 ~

54 "내가 거북이에게 ~

55 하지만 토끼는 ~

56 "이제 느리다고 ~

57 거북이는 토끼에게 ~

58 "앞으로 사이좋게 ~

59 토끼는 거북이에게 ~

60 그는 모든 일에 최선을 ~

여러분을 응원합니다 !

**한글영어학습에 대해서 궁금한 점이 있다면
한글영어 공식카페로 질문해주세요.**

한글영어 공식카페

🔍 https://cafe.naver.com/korchinese

모든 질문에 성심껏
답변을 드리도록 하겠습니다.

08

투 프렌즈 앤 더 베어r

두 친구와 곰

**"한글발음을 읽을 때,
영어소리를 온몸으로 느낀다고 생각하며 읽는다"**

ㅍ, ㄹ, ㅂ 는 각각 f, r, v 발음 표시
진한 발음은 강세 표시

08

01 투 영 멘 리브드 인 어 빌리쥐.

02 데이 워r 굿 프렌즈.

03 원 데이, 더 투 프렌즈 디**싸**이딛 투 고우 온 어 추맆.

04 데이 햍 투 워:크 어 롱: 웨이.

05 벝 잍 워즌(트) 디피컬트 비커:즈 데이 워r 투**게**더r.

06 "아임 해삐 댙 위 워r **추래**블링 투게더r."

07 "리얼리? 미 투."

08 "레츠 **추래**블 투**게**더r 모어r."

09 더 투 프렌즈 해쁠리 윀:트 온.

10 "워츠 댙 싸운드?"

01 한 마을에 두 청년이 살았어요.

02 두 사람은 사이좋은 친구였어요.

03 어느 날, 두 친구는 여행을 가기로 했어요.

04 그들은 먼 길을 걸어야 했어요.

05 하지만 함께하니 힘들지 않았어요.

06 "자네와 함께 여행을 가서 즐거워."

07 "정말? 나도 그래."

08 "앞으로 자주 여행을 가자고."

09 두 친구는 즐겁게 길을 걸었어요.

10 "저게 무슨 소리지?"

• 젊은	• 남자	• 살다	• 마음
• 친구	• 어느 날	• 결심하다	• 여행
• 해야만 한다	• 긴	• 길	• 어려운
• 왜냐하면	• 함께	• 행복한	• 여행하다
• 정말로	• 더 많이	• 행복하게	• 소리

⑪ 와일 워:킹 인 어 덴스 **포:**레스트,

⑫ 데이 허:r드 어 러슬링 싸운드 프럼 썸웨어r.

⑬ "아이 씽크 썸띵 이즈 무빙 오우버r 데어r."

⑭ 더 투 프렌즈 보우(쓰) 스땊트 워:킹.

⑮ 데이 호웊(트) 댙 나띵 밷: 운 해쁜.

⑯ 줘스(트) 덴, 어 라:r쥐 베어r 써든리 어**피**어r드.

⑰ "베어r! 이츠 어 베어r!"

⑱ 더 투 프렌즈 스끄림:드 인 써r**프**라이즈.

⑲ 더 베어r 어프로우취(트) 뎀 슬로울리.

⑳ 원 어브 더 프렌즈 룩트 어라운드 크위끌리.

• 와일	• 덴스	• **포:**레스트	• 러슬
• 싸운드	• 썸웨어r	• 썸띵	• 보우쓰
• 호웊	• 나띵	• 배드	• 해쁜
• 줘스(트) 덴	• 써든리	• 어**피**어r	• 베어r
• 스끄림:	• 써r**프**라이즈	• 어프로우취	• 크위끌리

⑪ 울창한 숲속을 걷고 있을 때였어요.

⑫ 그들은 어디선가에서 바스락거리는 소리를 들었어요.

⑬ "저쪽에서 뭔가 움직이는 것 같아."

⑭ 두 사람은 둘 다 걸음을 멈췄어요.

⑮ 그들은 나쁜 일이 일어나지 않도록 바랬어요.

⑯ 바로 그때, 갑자기 큰 곰이 나타났어요.

⑰ "곰! 곰이다!"

⑱ 두 사람은 놀라서 비명을 질렀어요.

⑲ 곰이 그들에게 천천히 다가왔었어요.

⑳ 친구중의 한 사람은 빠르게 주변을 둘러봤어요.

• ~하는 동안에	• 밀집한	• 숲	• 바스락거리다
• 소리	• 어디선가	• 무언가	• 둘 다
• 희망하다	• 아무것도 없다	• 나쁜	• 발생하다
• 바로 그때	• 갑자기	• 나타나다	• 곰
• 소리지르다	• 놀라움	• 다가오다	• 빠르게

㉑ 히 쏘: 어 라:r쥐 추리: 니어r**바**이.

㉒ "아이 슈든 하이드 데어r."

㉓ 히 크위끌리 클라임드 엎 더 추리:.

㉔ 벝 디 아더r 맨 쿠든(트) 런 어웨이.

㉕ 히 워즈 쏘우 써r**프**라이즈드 댙 히 쿠든(트) 이븐 무브.

㉖ "윁 슌 아이 두?"

㉗ 더 베어r 스따:r딛 투 어프로우취 힘.

㉘ 잍 워즈 투: 레잍 투 런 어웨이 나우.

㉙ 히 쏱: 어브 썸띵 댙 어 **헌**터r 핻 쎄드.

㉚ "베어r즈 네**버**r 잍: 언 **애**니멀 댙 이즈 데드."

- 라:r쥐
- 니어r**바**이
- 하이드
- 데어r
- 크위끌리
- 클라임 엎
- 쿠든트
- 런 어웨이
- 쏘우 에이 댙 비
- 써r**프**라이즈드
- 무브
- 슈드
- 어프로우취
- 투 에이 투 비
- 씽크 어브
- 썸띵
- **헌**터r
- 네**버**r
- **애**니멀
- 데드

㉑ 그는 가까이에 있는 큰 나무를 발견했어요.

㉒ "저기로 피해야겠다."

㉓ 그는 서둘러 나무 위로 올라갔어요.

㉔ 그런데 다른 친구는 도망갈 수 없었어요.

㉕ 너무 놀라서 꼼짝도 할 수 없었어요.

㉖ "어떻게 해야 하지?."

㉗ 곰이 그에게 다가오기 시작했어요.

㉘ 이제 도망가기에는 너무 늦었어요.

㉙ 그는 사냥꾼이 했던 말이 떠올랐어요.

㉚ "곰은 죽은 동물을 절대 먹지 않습니다."

• 큰	• 가까운 곳에	• 숨다	• 저기에
• 빠르게	• 기어오르다	• 할 수 없었다	• 도망가다
• 너무 A해서 B하다	• 놀란	• 움직이다	• 해야만 하다
• 다가오다	• 너무 A해서 B할 수 없다	• ~을 생각해 내다	• 무언가
• 사냥꾼	• 절대로 아니다	• 동물	• 죽은

31 "대츠 웥 아이 윌 두!"

32 히 레이 다운 온 더 그라운드.

33 히 클로우즈드 히즈 아이즈 앤 마우쓰 앤(드) 스떼이드 스띨.

34 히 프리텐딛 투 비 데드.

35 더 베어r 파이널리 리:취드 힘.

36 더 베어r 웥:트 어라운(드) 더 맨 온 더 그라운드.

37 더 맨 쏱: 히 워즈 어바웉 투 비 이:튼.

38 히 워즈 투: 스케어r(드) 투 무브.

39 히 쿠든트 이븐 브리드.

40 더 베어r 라잍리 터취(트) 더 맨 위드 히즈 풑.

• 라이 따운	• 그라운드	• 클로우즈	• 아이
• 마우쓰	• 스떼이	• 스띨	• 프리텐드
• 데드	• 파이널리	• 리:취	• 어라운드
• 씽크	• 비 어바웉 투	• 투 에이 투 비	• 스케어r드
• 브리드	• 라잍리	• 터취	• 풑

31 "그렇게 해야겠다!"

32 그는 땅에 바싹 엎드렸어요.

33 그는 눈과 입을 닫고 가만히 있었어요.

34 그는 죽은 척을 했어요.

35 마침내 곰이 그에게 왔어요.

36 곰은 땅에 엎드린 그의 주위를 돌았어요.

37 금방이라도 잡아먹힐 것 같았어요.

38 그는 너무 무서워서 움직일 수 없었어요.

39 그는 숨도 쉴 수 없었어요.

40 곰은 발로 남자를 살짝 건드렸어요.

• 눕다	• 땅	• 감다	• 눈
• 입	• 그대로 있다	• 움직이지 않는	• ~인 척하다
• 죽은	• 마침내	• 도달하다	• 빙 돌아
• 생각하다	• 막 ~하려고 하다	• 너무 A해서 B할 수 없다	• 무서워하는
• 숨쉬다	• 가볍게	• 건드리다	• 발

41 더 베어r 풋 히즈 페이스 투 더 맨즈 이어r.

42 더 맨 인 더 추리: 쏟:,

43 "이즈 더 베어r 위스뻐링 투 마이 프렌드?"

44 더 맨 온 더 그라운(드) 디든(트) 무브.

45 **애프**떠r 어 와일, 더 베어r 리프띧 히즈 헤드.

46 "디스 **애**니멀 머스(트) 비 데드."

47 "아이 슏 고우 **파**인드 썸 **프레**쉬 미:트."

48 더 베어r 디써**피**어r드 **파:**r 어웨이.

49 더 맨 인 더 추리: 클라임(드) 다운.

50 "아이 쏟: 댙 더 베어r 워즈 고잉 투 잍: 유."

• **풀**	• 페이스	• 이어r	• 추리:
• 베어r	• 위스퍼r	• 그라운드	• 애프떠r 어 와일
• **리프트**	• 헤드	• **애**니멀	• **머스트 비**
• 데드	• 파인드	• 프레쉬	• 미:트
• 디써**피**어r	• **파:**r 어웨이	• **클라임 따운**	• **비 고잉 투**

(41) 곰은 남자의 귀에 얼굴을 갖다 댔어요.

(42) 나무에 있던 사람은 생각했어요.

(43) "곰이 친구에게 귓속말을 하고 있는 걸까?"

(44) 땅에 엎드린 사람은 움직이지 않았어요.

(45) 얼마후 곰이 머리를 들어 올렸어요.

(46) "이건 죽은 동물이었군."

(47) "싱싱한 고기를 찾으러 가야지"

(48) 곰이 저 멀리 사라졌어요.

(49) 나무에 있던 친구가 내려왔어요.

(50) "곰이 자네를 잡아먹는 줄 알았어."

• 놓다	• 얼굴	• 귀	• 나무
• 곰	• 속삭이다	• 땅	• 잠시 후에
• 들어 올리다	• 머리	• 동물	• ~임에 틀림없다
• 죽은	• 발견하다	• 신선한	• 고기
• 사라지다	• 멀리	• 기어 내려오다	• ~할 것이다

147

08

투 프렌즈 앤 더 베어r

51 히 애슼트 히즈 프렌드 온 더 그라운드.

52 "아r 유 오우케이?"

53 "예스, 러끌리 아임 낱 허:r트."

54 히 워즈 **쏘:**리 퍼r 러닝 어웨이 바이 힘쎌프.

55 "윁 딛 더 베어r 텔 유?"

56 더 맨 온 더 그라운드 뤀트 앹 히즈 프렌드.

57 "아이 슏 추:즈 마이 프렌즈 **케**어r플리."

58 "아이 슈든트 해브 프렌즈 후 런 어웨이 얼로운."

59 히즈 프렌드 워즈 스삐:췰레스 퍼:r 어 모우멘트.

60 히 헝 히즈 헤드 인 쉐임.

- 애스크
- 그라운드
- 오우케이
- 러끌리
- 허:r트
- 쏘:리
- 런 어웨이
- 바이 원쎌프
- 베어r
- 뤀 앹
- 프렌드
- 추:즈
- 케어r플리
- 슈든트
- 얼로운
- 스삐:췰레스
- 모우멘트
- 행
- 헤드
- 쉐임

51 그는 땅에 엎드린 친구에게 물었어요.

52 "어디 다친 데는 없나?"

53 "응, 다행히도 난 안 다쳤네."

54 그는 혼자 도망친 게 미안했어요.

55 "곰이 자네에게 뭐라고 하던가?"

56 땅에 엎드렸던 사람이 친구를 쳐다봤어요.

57 "친구를 가려서 사귀어야겠어."

58 "혼자 도망치는 친구와는 사귀지 말아야겠어."

59 그의 친구는 잠시동안 아무 말도 못 했어요.

60 그는 너무 부끄러워 고개만 푹 숙였답니다.

• 묻다	• 땅	• 괜찮은	• 다행히도
• 다치게 하다	• 미안한	• 도망가다	• 혼자서
• 곰	• ~을 쳐다보다	• 친구	• 선택하다
• 주의깊게	• 하지 말아야 한다	• 혼자	• 말을 못 하는
• 잠시	• 매달다	• 머리	• 부끄러움

01 투 영 멘 리브드 ~

02 데이 워r 굳 ~

03 원 데이, 더 투 프렌즈 ~

04 데이 햅 투 워:크 ~

05 벝 잍 워즌(트) 디피컬트 ~

06 "아임 해삐 댙 ~

07 "리얼리? ~

08 "레츠 **추**래블 ~

09 더 투 프렌즈 ~

10 "워츠 댙 ~

11 와일 워:킹 인 ~

12 데이 허:r드 어 러슬링 ~

13 "아이 씽크 썸띵 ~

14 더 투 프렌즈 보우(쓰) ~

15 데이 호웊(트) 댙 ~

16 쥬스(트) 덴, 어 라:r쥐 ~

17 "베어r! ~

18 더 투 프렌즈 스끄림:드 ~

19 더 베어r 어프로우취(트) ~

20 원 어브 더 프렌즈 ~

21 히 쏘: 어 라:r쥐 ~

22 "아이 슏 하이드 ~

23 히 크위끌리 클라임드 ~

24 벝 디 아더r 맨 ~

25 히 워즈 쏘우 ~

26 "윝 슏 아이 ~

27 더 베어r 스따:r딛 ~

28 잍 워즈 투: 레잍 ~

29 히 쏱: 어브 썸띵 ~

30 "베어r즈 네버r 잍: ~

31 "대츠 윌 아이 ~

32 히 레이 다운 ~

33 히 클로우즈드 히즈 ~

34 히 프리텐딩 투 ~

35 더 베어r 파이널리 ~

36 더 베어r 윌:트 어라운(드) ~

37 더 맨 쏟: 히 워즈 ~

38 히 워즈 투: 스케어r(드) ~

39 히 쿠든트 이븐 ~

40 더 베어r 라읻리 ~

41 더 베어r 풀 히즈 ~

42 더 맨 인 더 추리: ~

43 "이즈 더 베어r ~

44 더 맨 온 더 그라운(드) ~

45 **애**프떠r 어 와일, ~

46 "디스 **애**니멀 머스(트) ~

47 "아이 슏 고우 ~

48 더 베어r 디써**피**어r드 ~

49 더 맨 인 더 추리: ~

50 "아이 쏟: 댙 더 베어r ~

51 히 애슼트 히즈 ~

52 "아r 유 ~

53 "예스, 러끌리 ~

54 히 워즈 **쏘:**리 퍼r ~

55 "윝 딛 더 베어r ~

56 더 맨 온 더 그라운드 ~

57 "아이 슏 추:즈 ~

58 "아이 슈든트 해브 ~

59 히즈 프렌드 워즈 ~

60 히 헝 히즈 헤드 ~

01	한 마을에 두 ~	16	바로 그때, 갑자기 ~
02	두 사람은 사이좋은 ~	17	"곰! ~
03	어느 날, 두 친구는 ~	18	두 사람은 놀라서 ~
04	그들은 먼 길을 ~	19	곰이 그들에게 ~
05	하지만 함께하니 ~	20	친구중의 한 사람은 ~
06	"자네와 함께 ~	21	그는 가까이에 있는 ~
07	"정말? ~	22	"저기로 ~
08	"앞으로 자주 ~	23	그는 서둘러 ~
09	두 친구는 즐겁게 ~	24	그런데 다른 친구는 ~
10	"저게 무슨 ~	25	너무 놀라서 ~
11	울창한 숲속을 ~	26	"어떻게 ~
12	그들은 어디선가에서 ~	27	곰이 그에게 ~
13	"저쪽에서 뭐가 ~	28	이제 도망가기에는 ~
14	두 사람은 둘 다 ~	29	그는 사냥꾼이 했던 ~
15	그들은 나쁜 일이 ~	30	"곰은 죽은 동물을 ~

31	"그렇게 ~	46	"이건 죽은 ~
32	그는 땅에 바싹 ~	47	"싱싱한 고기를 ~
33	그는 눈과 입을 닫고 ~	48	곰이 저 멀리 ~
34	그는 죽은 ~	49	나무에 있던 ~
35	마침내 곰이 ~	50	"곰이 자네를 ~
36	곰은 땅에 엎드린 ~	51	그는 땅에 엎드린 ~
37	금방이라도 잡아먹힐 ~	52	"어디 다친 ~
38	그는 너무 무서워서 ~	53	"응, 다행히도 ~
39	그는 숨도 쉴 수 ~	54	그는 혼자 도망친 게 ~
40	곰은 발로 남자를 ~	55	"곰이 자네에게 ~
41	곰은 남자의 귀에 ~	56	땅에 엎드렸던 사람이 ~
42	나무에 있던 사람은 ~	57	"친구를 가려서 ~
43	"곰이 친구에게 귓속말을 ~	58	"혼자 도망치는 ~
44	땅에 엎드린 사람은 ~	59	그의 친구는 잠시동안 ~
45	얼마후 곰이 머리를 ~	60	그는 너무 부끄러워 ~

여러분을 응원합니다 !

한글영어학습에 대해서 궁금한 점이 있다면
한글영어 공식카페로 질문해주세요.

한글영어 공식카페

🔍 https://cafe.naver.com/korchinese

모든 질문에 성심껏
답변을 드리도록 하겠습니다.

09

디 오울드 **라**이언 앤(드) 더 팍:스

늙은 사자와 여우

**"한글발음을 읽을 때,
영어소리를 온몸으로 느낀다고 생각하며 읽는다"**

ㅍ, ㄹ, ㅂ 는 각각 f, r, v 발음 표시
진한 발음은 강세 표시

01 데어r 워즈 어 **라**이언 후 리브드 인 더 쥉글.

02 더 **라**이언 워즈 베리 오울드.

03 쏘우 히 쿠든(트) 헌트 베리 웰.

04 아더r 애니멀즈 랜 패스터r 댄 더 **라**이언.

05 "아임 쏘우 헝그리 댙 아이 캔:트 이븐 겥 엎."

06 "마이 니:즈 허:r(트) 투:, 쏘우 아이 캔:트 이븐 런."

07 더 **라**이언 로:스트 어 디어r 앤(드) 히 쎂 헬쁠레슬리.

08 "웬 워즈 더 라스(트) 타임 댙 아이 에잍?"

09 "아이 윌 다이 프럼 **헝**거r."

10 더 **라**이언즈 스떠먹 그럼블드.

• **라**이언	• 리브	• 오울드	• 쏘우
• 헌트	• 베리 웰	• 댄	• 헝그리
• 겥 엎	• 니:	• 허:r트	• 투
• 루즈	• 디어r	• 헬쁠레슬리	• 라스트
• 다이	• 헝거r	• 스떠먹	• 그럼블

01 정글에 사자 한 마리가 살았어요.

02 사자는 나이가 정말 많았어요.

03 그래서 사냥을 제대로 할 수 없었어요.

04 다른 동물들이 사자보다 더 빨리 달렸어요.

05 "배가 너무 고파서 일어날 기운도 없네."

06 "무릎도 아파서 달릴 수조차 없네."

07 사자는 사슴을 놓치고 힘없이 주저앉았어요.

08 "마지막으로 먹은 지가 언제인지?"

09 "이러다 굶어 죽겠군."

10 사자의 배에서 꼬르륵 소리가 났어요.

• 사자	• 살다	• 나이가 든	• 그래서
• 사냥하다	• 매우 잘	• ~보다	• 배고픈
• 일어나다	• 무릎	• 아프다	• 역시
• 놓치다	• 사슴	• 힘없이	• 마지막
• 죽다	• 배고픔	• 위장	• (천둥이) 울리다

157

11 "이즌 데어r 어 웨이 투 파인드 푸:드 비싸이즈 헌팅?"

12 더 라이언 핻 어 굳 아이디어.

13 "예스! 대츠 윁 아이 슏 두."

14 더 라이언 스마일드 앤(드) 슬로울리 같 엎.

15 히 파운드 어 케이브 인 더 쥉글.

16 "디스 룩스 라잌 어 굳 플레이스."

17 더 라이언 레이(드) 다운 인싸이드 어브 더 케이브.

18 "나우 올: 아이 해브 투 두 이즈 웨이트."

19 히 렡 아웉 어 해삐 래프.

20 더 라이언 크라이드 아웉 애즈 이프 히 워r 인 페인.

- 웨이
- 파인드
- 비싸이즈
- 헌팅
- 아이디어
- 스마일
- 슬로울리
- 겥 엎
- 쥉글
- 케이브
- 룩 라잌
- 플레이스
- 라이 따운
- 인싸이드
- 웨이트
- 렡 아웉
- 래프
- 크라이 아웉
- 애즈 이프
- 페인

11 "사냥말고 먹이를 구할 방법이 없을까?"

12 사자에게 좋은 생각이 났어요.

13 "옳지! 그렇게 해야겠구나."

14 사자는 미소를 지으며 천천히 일어났어요.

15 사자는 정글에서 동굴을 찾았어요.

16 "여기가 좋겠다."

17 사자는 동굴 안에 들어가서 누웠어요.

18 "이제 기다리는 일만 남았군."

19 사자는 행복한 웃음을 지었어요.

20 사자는 아픈 것처럼 소리를 질렀어요.

• 방법	• 발견하다	• ~외에	• 사냥
• 생각	• 웃다	• 느리게	• 일어나다
• 정글	• 동굴	• ~처럼 보이다	• 장소
• 눕다	• 안에	• 기다리다	• 소리를 내다
• 웃다	• 비명을 지르다	• 마치 ~처럼	• 고통

21 뉴스 스쁘레:드 인 더 쥉글 댙 더 **라**이언 워(즈) 씩.

22 더 **라**이언 워즈 스띨 더 킹 어브 더 쥉글.

23 아더r **애**니멀즈 케임 투 씨: 더 씩 **라**이언.

24 "**라**이언, 아r 유 오우케이?"

25 어 **래**빝 그리딛 더 **라**이언 아웉싸이드 어브 더 케이브.

26 "아이 캔:트 히어r 유 베리 웰."

27 "컴 인싸이드 앤(드) 스뻬크 라우들리."

28 더 **래**빝 웬트 인싸이드 어브 더 케이브 투 씨: 더 **라**이언.

29 더 **라**이언 에잍 더 **래**빝 인 원 바이트.

30 "나우 아임 낱 애즈 헝그리."

- 뉴스
- 스쁘레:드
- 씩
- 스띨
- 킹
- 쥉글
- 애니멀
- 오우케이
- **래빝**
- 그맅
- 아웉싸이드
- 캔:트
- 히어r
- 스뻬크
- 라우들리
- 인싸이드
- 케이브
- 원 바잍
- 나우
- 애즈 헝그리

㉑ 사자가 아프다는 소문이 정글에 퍼졌어요.

㉒ 사자는 여전히 정글의 왕이었거든요.

㉓ 다른 동물들이 아픈 사자를 보러 왔어요.

㉔ "사자님, 괜찮으세요?"

㉕ 토끼가 동굴 밖에서 사자에게 인사를 했어요.

㉖ "내가 잘 안 들리는구나."

㉗ "이리 들어와서 크게 말해주렴."

㉘ 토끼는 사자를 보러 동굴안으로 들어갔어요.

㉙ 사자는 한입에 토끼를 삼켰어요.

㉚ "이제 좀 배고픈 게 없어졌네."

• 소식	• 퍼지다	• 아픈	• 여전히
• 왕	• 정글	• 동물	• 괜찮은
• 토끼	• 인사하다	• 바깥	• 할 수 없다
• 듣다	• 말하다	• 큰 소리로	• 안에
• 동굴	• 한 입	• 이제	• (전) 만큼 배고픈

31 벝 더 **래**빝 디든(트) 필 힘 엎.

32 더 **라**이언 웨이린 퍼r 어나더r **애**니멀.

33 **애**프떠r 어 와일, 어 피그 웬(트) 투 씨: 더 **라**이언.

34 "**라**이언, 하우 씩 아r 유?"

35 더 **라**이언 렡 아웉 어 크**라**이 어브 페인.

36 "아이 던 씽크 아이 해브 머취 타임 레프(트) 투 리브."

37 더 피그 워즈 워리드 쏘우 히 웬트 인싸이(드) 더 케이브.

38 더 **라**이언 캡춰r(드) 더 피그 이즐리.

39 나우 더 **라**이언 워즈 풀.

40 "아이 디든(트) 노우 **헌**팅 워즈 디스 이지."

• **래**빝	• **필**	• 웨잍 포:r	• 어나더r
• 애니멀	• 애프떠r 어 와일	• 피그	• 하우 씩
• 렡 아웉	• 크**라**이	• **머**취	• 레프트
• 리브	• 워리드	• 인싸이드	• **캡**춰r
• 이즐리	• **풀**	• **헌**팅	• 이지

(31) 하지만 토끼로는 채워지지 않았어요.

(32) 사자는 다른 동물을 기다렸어요.

(33) 얼마 후 돼지가 사자를 보러 갔어요.

(34) "사자님, 얼마나 아프세요?"

(35) 사자는 아픈 소리를 냈어요.

(36) "이제 살 날이 얼마 남지 않은 것 같구나."

(37) 돼지는 걱정이 돼서 동굴 안으로 들어갔어요.

(38) 사자는 손쉽게 돼지를 사냥했어요.

(39) 그제야 사자는 배가 불렀어요.

(40) "사냥이 이렇게 편한지 몰랐네."

• 토끼	• 채우다	• ~을 기다리다	• 또 다른
• 동물	• 잠시 후에	• 돼지	• 얼마나 아픈
• 소리를 내다	• 울음소리	• 많이	• 남겨진
• 살다	• 걱정하는	• 안에	• 붙잡다
• 쉽게	• 배부른	• 사냥	• 쉬운

41 어 팔:스 올:쏘우 허r(드) 댙 더 **라**이언 워즈 씩.

42 벹 쉬 핻 어 스추레인쥐 필링.

43 썸 **애**니멀즈 디든(트) 컴 백.

44 더 팔:스 릴럭턴리 웬(트) 투 더 케이브.

45 쉬 디든(트) 고우 인 벹 샤우티드,

46 "**라**이언, 웨어r 아r 유 허:r트?"

47 "아임 라잉 다운 비커:즈 아이 해브 어 하이 **피**:버r."

48 더 **라**이언 쎋 인 어 위크 보이스.

49 "유 해브 투 겥 베러r 쑨:."

50 더 팔:스 샤우릳 라우들리 인투 더 케이브.

•팔:스	•올:쏘우	•씩	•스추레인쥐
•필:링	•썸	•컴 백	•릴럭턴리
•케이브	•고우 인	•샤우트	•웨어r
•허:r트	•하이	•피:버r	•위크
•보이스	•겥 베러r	•쑨:	•라우들리

41. 여우도 사자가 아프다는 소식을 들었어요.

42. 하지만 그녀는 이상한 느낌이 들었어요.

43. 몇몇 동물들이 돌아오지 않았어요.

44. 여우는 마지못해 동굴로 갔어요.

45. 여우는 들어가지 않고 외쳤어요.

46. "사자님, 어디가 아프신가요?"

47. "열이 많이 나서 누워 있단다."

48. 사자는 다 죽어가는 목소리로 말했어요.

49. "어서 나아야 할 텐데요."

50. 여우는 동굴 속으로 크게 소리쳤어요.

• 여우	• 또한	• 아픈	• 이상한
• 느낌	• 몇몇의	• 돌아오다	• 마지못해
• 동굴	• 안으로 들어가다	• 소리치다	• 어디
• 아픈	• 높은	• 열	• 약한
• 목소리	• 좋아지다	• 곧	• 큰 소리로

노래처럼 한글영어 **읽기**

디 오울드 라이언 앤(드) 더 팍:스

51 "씬스 아이 캔:(트) 무브, 유 슏 컴 인."

52 더 **라**이언 쎘 위드 노우 스추렝쓰 인 히즈 보이스.

53 더 **팍**:스 룩트 어**라**운드 케어r풀리.

54 "아이 **리**얼리 원(트) 투 컴 인싸이드."

55 "벝 썸띵 이(즈) 스추레인쥐."

56 "윝 이(즈) 스추레인쥐?"

57 "데어r 아r 메니 **풑**프린츠 고잉 인싸이드 더 케이브."

58 "벝 데어r 아r 노우 **풑**프린츠 커밍 아웉."

59 더 **팍**:스 랜 어웨이 위다웉 루킹 백.

60 **애**프떠r 댙, 노우 모어r **애**니멀즈 웬(트) 투 씨: 더 **라**이언.

- 씬스
- 무브
- **컴 인**
- 스추렝쓰
- 보이스
- 룩 어**라**운드
- 케어r플리
- 리얼리
- 썸띵
- 스추레인쥐
- 메니
- **풑**프린트
- 케이브
- 데어r 아r
- 컴 아웉
- 런 어웨이
- 위다웉
- 룩 백
- **애**프떠r 댙
- 노우 모어r

166 이솝우화

51 "나는 움직일 수 없으니 이리 들어 오게."

52 사자는 힘없는 목소리로 말했어요.

53 여우는 조심스럽게 주변을 살폈어요.

54 "저도 정말 들어가고 싶어요."

55 "하지만 뭔가 이상하네요."

56 "뭐가 이상하다는 거지?"

57 "동굴로 들어간 발자국은 많아요."

58 "그런데 나오는 발자국이 없네요."

59 여우는 뒤돌아보지 않고 도망쳤어요.

60 그 후 동물들은 더 이상 사자를 보러 가지 않았어요.

• ~때문에	• 움직이다	• 들어오다	• 힘
• 목소리	• 둘러보다	• 주의깊게	• 정말로
• 무언가	• 이상한	• 많은	• 발자국
• 동굴	• ~이 있다	• 나오다	• 도망가다
• ~없이	• 뒤돌아보다	• 그 후에	• 더 이상 ~없다

01 데어r 워즈 어 **라**이언 ~

02 더 **라**이언 워즈 ~

03 쏘우 히 쿠든(트) ~

04 아더r **애**니멀즈 랜 ~

05 "아임 쏘우 헝그리 ~

06 "마이 니:즈 허:r(트) ~

07 더 **라**이언 로:스트 ~

08 "웬 워즈 더 라스(트) ~

09 "아이 윌 다이 ~

10 더 **라**이언즈 스떠먹 ~

11 "이즌 데어r 어 웨이 ~

12 더 **라**이언 핸 ~

13 "예스! 대츠 윌 ~

14 더 **라**이언 스마일드 ~

15 히 파운드 어 케이브 ~

16 "디스 룩스 라익 ~

17 더 **라**이언 레이(드) 다운 ~

18 "나우 올: 아이 해브 ~

19 히 렡 아웉 ~

20 더 **라**이언 크라이드 아웉 ~

21 뉴스 스쁘레:드 인 ~

22 더 **라**이언 워즈 스띨 ~

23 아더r **애**니멀즈 케임 ~

24 "**라**이언, 아r 유 ~

25 어 **래**빝 그리딛 더 **라**이언 ~

26 "아이 캔:트 히어r ~

27 "컴 인싸이드 앤(드) ~

28 더 **래**빝 웬트 인싸이드 ~

29 더 **라**이언 에일 ~

30 "나우 아임 낱 ~

31 벹 더 **래**빝 디든(트) ~

32 더 **라**이언 웨이린 퍼r ~

33 **애**프떠r 어 와일, ~

34 "**라**이언, 하우 씩 ~

35 더 **라**이언 렡 아웉 ~

36 "아이 던 씽크 아이 ~

37 더 피그 워즈 워리드 ~

38 더 **라**이언 캪춰r(드) ~

39 나우 더 **라**이언 ~

40 "아이 디든(트) 노우 ~

41 어 팔:스 올:쏘우 허r(드) ~

42 벹 쉬 핻 어 ~

43 썸 **애**니멀즈 디든(트) ~

44 더 팔:스 릴럭턴리 ~

45 쉬 디든(트) 고우 ~

46 "**라**이언, 웨어r 아r ~

47 "아임 라잉 다운 비커:즈 ~

48 더 **라**이언 쎋 ~

49 "유 해브 투 겥 ~

50 더 팔:스 샤우릳 ~

51 "씬스 아이 캔:(트) ~

52 더 **라**이언 쎋 위드 ~

53 더 팔:스 뤀트 어라운드 ~

54 "아이 리얼리 원(트) ~

55 "벹 썸띵 이(즈) ~

56 "월 이(즈) ~

57 "데어r 아r 메니 **풑**프린츠 ~

58 "벹 데어r 아r 노우 ~

59 더 팔:스 랜 어웨이 ~

60 **애**프떠r 댙, 노우 모어r ~

01	정글에 사자 한 ~	16	"여기가 ~
02	사자는 나이가 ~	17	사자는 동굴 안에 ~
03	그래서 사냥을 제대로 ~	18	"이제 기다리는 ~
04	다른 동물들이 ~	19	사자는 행복한 ~
05	"배가 너무 고파서 ~	20	사자는 아픈 것처럼 ~
06	"무릎도 아파서 ~	21	사자가 아프다는 ~
07	사자는 사슴을 놓치고 ~	22	사자는 여전히 ~
08	"마지막으로 먹은 ~	23	다른 동물들이 아픈 ~
09	"이러다 굶어 ~	24	"사자님, ~
10	사자의 배에서 ~	25	토끼가 동굴 밖에서 ~
11	"사냥말고 먹이를 ~	26	"내가 잘 안 ~
12	사자에게 좋은 ~	27	"이리 들어와서 ~
13	"옳지! 그렇게 ~	28	토끼는 사자를 보러 ~
14	사자는 미소를 지으며 ~	29	사자는 한입에 ~
15	사자는 정글에서 ~	30	"이제 좀 배고픈 ~

31 하지만 토끼로는 ~

32 사자는 다른 동물을 ~

33 얼마 후 돼지가 ~

34 "사자님, 얼마나 ~

35 사자는 아픈 ~

36 "이제 살 날이 얼마 ~

37 돼지는 걱정이 돼서 ~

38 사자는 손쉽게 ~

39 그제야 사자는 배가 ~

40 "사냥이 이렇게 ~

41 여우도 사자가 아프다는 ~

42 하지만 그녀는 이상한 ~

43 몇몇 동물들이 ~

44 여우는 마지못해 ~

45 여우는 들어가지 ~

46 "사자님, 어디가 ~

47 "열이 많이 나서 ~

48 사자는 다 죽어가는 ~

49 "어서 나아야 ~

50 여우는 동굴 속으로 ~

51 "나는 움직일 수 없으니 ~

52 사자는 힘없는 ~

53 여우는 조심스럽게 ~

54 "저도 정말 ~

55 "하지만 뭔가 ~

56 "뭐가 이상하다는 ~

57 "동굴로 들어간 ~

58 "그런데 나오는 ~

59 여우는 뒤돌아보지 ~

60 그 후 동물들은 ~

여러분을 응원합니다 !

**한글영어학습에 대해서 궁금한 점이 있다면
한글영어 공식카페로 질문해주세요.**

한글영어 공식카페

🔍 https://cafe.naver.com/korchinese

모든 질문에 성심껏
답변을 드리도록 하겠습니다.

10

더 썬 앤(드) 더 윈드

해와 바람

**"한글발음을 읽을 때,
영어소리를 온몸으로 느낀다고 생각하며 읽는다"**

ㅍ, ㄹ, ㅂ 는 각각 f, r, v 발음 표시
진한 발음은 강세 표시

01 더 윈드 앤(드) 더 썬 같 인투 언 **아:**r규멘트.

02 "아임 스추롱거r 댄 유."

03 더 윈드 샤우린 앹 더 썬.

04 "마이 브레쓰 캔 블로우 어웨이 락스 앤(드) 추리:즈."

05 더 썬 게이브 더 윈드 어 빝 어브 어드**바**이쓰,

06 "유즈 유어r 스추렝쓰 와이즐리."

07 "디 쥬 줘스(트) 룩 다운 온 미?"

08 "웬 디드 아이 두 댙?"

09 더 썬즈 워r즈 어**펜**딛 더 윈드.

10 "파인, 덴 레츠 해브 어 컨테스트!"

• 윈드	• 썬	• 아:r규멘트	• 스추롱:
• 댄	• 샤우트	• 브레쓰	• 블로우
• 락	• 어드**바**이쓰	• 유즈	• 스추렝쓰
• 와이즐리	• 룩 따운 온	• 웬	• 워:r드
• 어**펜**드	• 파인	• 덴	• 컨테스트

01 바람과 해는 말다툼을 했어요.

02 "내가 너보다 더 힘이 강해."

03 바람이 해에게 소리쳤어요.

04 "내가 입김을 불면 돌과 나무가 날아가."

05 해가 바람에게 충고 한마디 했어요.

06 "힘을 지혜롭게 좀 써라."

07 "너 지금 날 무시했어?"

08 "내가 언제 그랬다고 그러니?"

09 해의 말이 바람의 기분을 상하게 했어요.

10 "좋아, 그럼 대결해보자!"

• 바람	• 해	• 말다툼	• 강한
• ~보다	• 소리치다	• 입김	• 불다
• 돌	• 충고	• 사용하다	• 힘
• 현명하게	• ~을 무시하다	• 언제	• 말
• 기분상하게 하다	• 좋은	• 그러면	• 시합

10
더 썬 앤(드) 더 윈드

⑪ 더 윈드 췔린쥐(드) 더 썬.

⑫ "레츠 씨: 후 윈즈!"

⑬ 더 썬 앤써r드 위다웉 헤즈테이션.

⑭ "벝 윁 카인드 어브 컨테스트 슏 위 해브?"

⑮ 더 윈드 앤(드) 더 썬 쏱: 퍼:r 어 모우멘트.

⑯ 줘스(트) 덴, 어 추레블러r 윀(트) 다운 더 로우드.

⑰ "레츠 추라이 투 겥 더 맨 투 테잌 어프 히즈 재킽."

⑱ 더 윈드 케임 엎 윋 더 컨테스트.

⑲ "더 퍼:r스트 원 투 썩씨:드 윈즈."

⑳ 더 썬 어그리(드) 투 더 윈즈 컨테스트.

• **췔린쥐**	• **후**	• **윈**	• **앤써r**
• 위다웉	• 헤즈테이션	• 카인드	• 컨테스트
• **퍼:r 어 모우멘트**	• 줘스(트) 덴	• **추래블러r**	• 워크 다운
• 로우드	• 추라이	• 겥	• 테잌 어프
• 컴 엎 위드	• **퍼:r스트**	• **썩씨:드**	• 어그리

⑪ 바람이 해에게 도전했어요.

⑫ "누가 이기는지 한번 해 보자!"

⑬ 태양은 망설임 없이 대답했어요.

⑭ "그런데 어떤 종류의 대결을 하지?"

⑮ 바람과 해는 잠시동안 생각했어요.

⑯ 그때 마침 나그네가 길을 걷고 있었어요.

⑰ "저 사람이 외투를 벗도록 해보자."

⑱ 바람이 시합을 생각해냈어요.

⑲ "먼저 성공하는 쪽이 이기는 거야."

⑳ 해는 바람의 시합을 받아들였어요.

• 도전하다	• 누구	• 이기다	• 대답하다
• ~없이	• 망설임	• 종류	• 시합
• 잠시동안	• 바로 그때	• 나그네	• 길을 걷다
• 길	• 시도하다	• 하게 하다	• 벗다
• 생각해 내다	• 첫 번째	• 성공하다	• 동의하다

㉑ "이프 아이 블로우 마이 브레쓰 스추롱:리,

㉒ 댈 맨즈 재낕 윌 플라이 어웨이 리얼리 쿠윜."

㉓ 더 윈드 블루 위드 올: 히즈 마이트.

㉔ 더 추래블러r 워즈 써r프라이즈(드) 바이 더 거스트 어브 윈드.

㉕ 잍 워즈 쏘우 코울드 댈 히 **쉬버**r드.

㉖ "워츠 롱: 윋 더 웨더r?"

㉗ 히 헬드 온투 히즈 재낕 이븐 모어r 타읻리.

㉘ 더 윈드 워즈 임배러스트 퍼:r 어 모우멘트.

㉙ "레츠 씨 이프 히 킾스 히즈 재낕 온 **애프**떠r 디스."

㉚ 더 윈드 블루 이븐 하:r더r.

• 이프	• 블로우	• 브레쓰	• 스추롱:리
• 플라이 어웨이	• 크위크	• 마이트	• 추래블러r
• 써r프라이즈드	• 거스트	• 쏘우 에이 댈 비	• 코울드
• 쉬버r	• 롱:	• 웨더r	• 호울드
• 타읻리	• 임배러스트	• 레츠 씨	• 하:r더r

㉑ "내가 입김을 세게 불면,

㉒ 저 남자의 외투는 순식간에 날아가 버릴걸."

㉓ 바람은 온 힘을 다해 바람을 불었어요.

㉔ 나그네는 돌풍에 깜짝 놀랐어요.

㉕ 너무 추워서 몸을 잔뜩 떨었어요.

㉖ "갑자기 날씨가 왜 이러지?"

㉗ 나그네는 외투를 훨씬 더 단단히 잡았어요.

㉘ 바람은 잠시동안 당황했어요.

㉙ "이래도 외투를 입고 있나 보자."

㉚ 바람은 훨씬 더 세게 바람을 불었어요.

• 만약 ~라면	• 불다	• 입김	• 강하게
• 날아서 가다	• 빠른	• 힘	• 나그네
• 놀란	• 돌풍	• 너무 A해서 B하다	• 추운
• 떨다	• 잘못된	• 날씨	• 잡다
• 단단히	• 당황스러운	• 어디 보자	• 더 세게

31 벝 더 재끨 디든(트) 플라이 어웨이.

32 더 추래블러r 디든(트) 렡 고우 어브 히즈 재낄.

33 더 윈드 유즈드 엎 올: 어브 히즈 **에너r쥐**.

34 "히 해즌(트) 테이큰 잍 어프 옐."

35 더 윈드 워즈 컴플맅리 아웉 어브 브레쓰.

36 "아이 던(트) 씽크 아이 캔 고우 온."

37 더 윈드 이벤추얼리 게이브 엎.

38 "나우 이츠 마이 턴."

39 더 썬 쑈운 어 브라잍 레이 어브 썬샤인.

40 "더 웨더r 이즈 리얼리 언프리딕떠블."

- 플라이 어웨이
- 에너:r쥐
- 아웉 어브 브레쓰
- 기브 엎
- 레이

- 추래블러r
- 테익 어프
- 씽크
- 턴
- 썬샤인

- 렡 고우 어브
- 옐
- 고우 온
- 샤인
- 웨더r

- 유즈 엎
- 컴플맅리
- 이벤추얼리
- 브라이트
- 언프리딕떠블

③① 하지만 외투는 날아가지 않았어요.

③② 나그네는 그의 외투를 놓지 않았어요.

③③ 바람은 그의 힘을 다 써버렸어요.

③④ "그가 아직도 안 벗었네."

③⑤ 바람은 완전히 거친 숨을 쉬었어요.

③⑥ "더 이상은 안 되겠다."

③⑦ 바람은 결국 포기하고 말았어요.

③⑧ "이번엔 내 차례구나."

③⑨ 해는 한줄기 밝은 햇살을 비추었어요.

④⓪ "날씨가 참 종잡을 수가 없군."

• 날아서 가다	• 나그네	• ~에서 손을 놓다	• ~을 다 쓰다
• 에너지	• 벗다	• 아직	• 완전히
• 숨이 가쁜	• 생각하다	• 계속되다	• 결국
• 포기하다	• 차례	• 비추다	• 밝은
• 광선	• 햇빛	• 날씨	• 예측할 수 없는

노래처럼 한글영어 읽기

더 썬 앤(드) 더 윈드

㊶ 히 와잎트 어웨이 더 스웰 프럼 히즈 포:r헤드.

㊷ 더 썬 쑈운 허r 레이즈 이븐 스추롱:거r.

㊸ 더 추래블러r 스따:r딛 투 언버튼 히즈 재낃.

㊹ 이프 더 추래블러r 테잌쓰 어프 히즈 재낃, 더 썬 윈즈.

㊺ "와이 이즈 잍 쏘우 핱: 올: 어브 어 써든?"

㊻ 더 추래블러r 뤀트 엎 앹 더 스까이.

㊼ 더 썬 켚트 샤이닝 다운 온 힘.

㊽ 잍 워즈 쏘우 핱: 댙 히 쿠든(트) 웨어r 히즈 재낃.

㊾ 히 스땁트 워킹 앤(드) 쎄드,

㊿ "아이 슏 고우 스위밍 인 더 리버r."

- 와잎   · 스웰   · 포:어r헤드   · 샤인
- 레이   · 스추롱: · 추래블러r   · 언버튼
- 테잌 어프   · 윈   · 와이   · 쏘우
- 올 어브 어 써든   · 뤀 엎 앹   · 스까이   · 쏘우 에이 댈 비
- 웨어r   · 스땁   · 고우 스위밍   · 리버r

182   이솝우화

(41) 나그네는 이마에 흐르는 땀을 닦았어요.

(42) 해는 훨씬 더 강하게 햇빛을 비췄어요.

(43) 나그네는 외투의 단추를 풀기 시작했어요.

(44) 나그네가 외투를 벗는다면 해가 이기게 돼요.

(45) "갑자기 왜 이렇게 덥지?"

(46) 나그네는 하늘을 쳐다봤어요.

(47) 해가 계속 그를 비추었어요.

(48) 너무 더워서 그는 외투를 입고 있을 수 없었어요.

(49) 나그네는 가던 길을 멈추고 말했어요.

(50) "강에서 수영 좀 해야겠다."

• 닦다	• 땀	• 이마	• 비추다
• 광선	• 강한	• 나그네	• 단추를 풀다
• 벗다	• 이기다	• 왜	• 그렇게
• 갑자기	• ~을 올려다보다	• 하늘	• 너무 A해서 B하다
• 입다	• 멈추다	• 수영하러 가다	• 강

51 파이널리, 더 **추래**블러r 툭 어프 히즈 재킽.

52 히 춤프(트)인투 더 **와:**러r.

53 더 썬 파이널리 원 더 컨테스트.

54 "윈드, 아이 원, 라잍?"

55 더 윈드 핻 나띵 투 쎄이.

56 "던(트) 쑈우 어프 유어r 스추렝쓰."

57 더 썬 어드바이즈(드) 더 윈드.

58 더 윈드 턴드 레드 프럼 임배러쓰멘트.

59 더 윈드 스땊트 액띵 쏘우 **애러**건트.

60 **애프**터r 댙, 더 썬 앤(드) 더 윈드 같 얼롱: 웰.

- 파이널리
- 테잌 어프
- 춤프
- 인투
- 원
- 컨테스트
- 라잍
- 나띵
- 쎄이
- 던트
- 쑈우 어프
- 스추렝쓰
- 어드바이즈
- 턴
- 레드
- 임배러스멘트
- 액트
- 애러건트
- 애프터r 댙
- 겥 얼롱: 웰

51 마침내 나그네는 외투를 벗었어요.

52 나그네는 물로 뛰어들었어요.

53 해가 마침내 시합을 이겼어요.

54 "바람아, 내가 이겼지. 맞지?"

55 바람은 할 말이 없었어요.

56 "힘이 세다고 자랑하면 안 돼."

57 해가 바람에게 충고를 했어요.

58 바람은 부끄러워 얼굴이 빨개졌어요.

59 바람은 더는 잘난 척하지 않았어요.

60 그 후로, 해와 바람은 사이좋게 지냈답니다.

- 마침내
- 벗다
- 뛰다
- ~안으로
- 이기다
- 시합
- 옳은
- 아무것도 없다
- 말하다
- 아니다
- 자랑하다
- 힘
- 충고하다
- 변하다
- 빨간
- 부끄러움
- 행동하다
- 거만한
- 그 후에
- 잘 지내다

01 더 윈드 앤(드) 더 썬 ~

02 "아임 스추롱거r ~

03 더 윈드 샤우릳 ~

04 "마이 브레쓰 캔 ~

05 더 썬 게이브 더 윈드 ~

06 "유즈 유어r 스추렝쓰 ~

07 "디 쥬 쥐스(트) 룩 ~

08 "웬 디드 아이 ~

09 더 썬즈 워r즈 어**펜**딛 ~

10 "파인, 덴 레츠 해브 ~

11 더 윈드 췔린쥐(드) ~

12 "레츠 씨: ~

13 더 썬 앤써r드 ~

14 "벝 윝 카인드 어브 ~

15 더 윈드 앤(드) 더 썬 ~

16 쥐스(트)덴, 어 추레블러r ~

17 "레츠 추라이 투 겥 ~

18 더 윈드 케임 엎 윋 ~

19 "더 퍼:r스트 원 ~

20 더 썬 어그리(드) 투 ~

21 "이프 아이 블로우 ~

22 댙 맨즈 재킽 윌 ~

23 더 윈드 블루 위드 ~

24 더 추래블러r 워즈 ~

25 잍 워즈 쏘우 코울드 ~

26 "워츠 롱: 윋 ~

27 히 헬드 온투 히즈 ~

28 더 윈드 워즈 임배러스트 ~

29 "레츠 씨 이프 히 킾스 ~

30 더 윈드 블루 ~

31 벝 더 재낄 디든(트) ~

32 더 추래블러r 디든(트) ~

33 더 윈드 유즈드 엎 ~

34 "히 해즌(트) 테이큰 ~

35 더 윈드 워즈 컴플릳리 ~

36 "아이 던(트) 씽크 ~

37 더 윈드 이벤추얼리 ~

38 "나우 이츠 ~

39 더 썬 쑈운 어 브라잍 ~

40 "더 웨더r 이즈 리얼리 ~

41 히 와잎트 어웨이 ~

42 더 썬 쑈운 허r 레이즈 ~

43 더 추래블러r 스따:r딛 ~

44 이프 더 추래블러r 테잌쓰 ~

45 "와이 이즈 잍 쏘우 ~

46 더 추래블러r 룩트 ~

47 더 썬 켚트 샤이닝 ~

48 잍 워즈 쏘우 핱 ~

49 히 스땁트 워킹 ~

50 "아이 슏 고우 스위밍 ~

51 파이널리, 더 추래블러r ~

52 히 쳠프(트)인투 ~

53 더 썬 파이널리 원 ~

54 "윈드, 아이 원, ~

55 더 윈드 핻 나띵 ~

56 "던(트) 쑈우 어프 ~

57 더 썬 어드바이즈(드) ~

58 더 윈드 턴드 레드 ~

59 더 윈드 스땉트 액띵 ~

60 애프터r 댙, 더 썬 ~

01 바람과 해는 ~

02 "내가 너보다 ~

03 바람이 해에게 ~

04 "내가 입김을 불면 ~

05 해가 바람에게 ~

06 "힘을 지혜롭게 ~

07 "너 지금 날 ~

08 "내가 언제 ~

09 해의 말이 바람의 ~

10 "좋아, 그럼 ~

11 바람이 해에게 ~

12 "누가 이기는지 ~

13 태양은 망설임 ~

14 "그런데 어떤 종류의 ~

15 바람과 해는 잠시동안 ~

16 그때 마침 나그네가 ~

17 "저 사람이 외투를 ~

18 바람이 시합을 ~

19 "먼저 성공하는 쪽이 ~

20 해는 바람의 시합을 ~

21 "내가 입김을 ~

22 저 남자의 외투는 ~

23 바람은 온 힘을 다해 ~

24 나그네는 돌풍에 ~

25 너무 추워서 몸을 ~

26 "갑자기 날씨가 ~

27 나그네는 외투를 훨씬 ~

28 바람은 잠시동안 ~

29 "이래도 외투를 입고 ~

30 바람은 훨씬 더 세게 ~

31 하지만 외투는 ~

32 나그네는 그의 외투를 ~

33 바람은 그의 힘을 ~

34 "그가 아직도 ~

35 바람은 완전히 ~

36 "더 이상은 ~

37 바람은 결국 포기하고 ~

38 "이번엔 내 ~

39 해는 한줄기 밝은 ~

40 "날씨가 참 종잡을 ~

41 나그네는 이마에 흐르는 ~

42 해는 훨씬 더 강하게

43 나그네는 외투의 단추를 ~

44 나그네가 외투를 벗는다면 ~

45 "갑자기 왜 ~

46 나그네는 하늘을 ~

47 해가 계속 그를 ~

48 너무 더워서 그는 ~

49 나그네는 가던 길을 ~

50 "강에서 수영 ~

51 마침내 나그네는 ~

52 나그네는 물로 ~

53 해가 마침내 시합을 ~

54 "바람아, 내가 ~

55 바람은 할 말이 ~

56 "힘이 세다고 ~

57 해가 바람에게 ~

58 바람은 부끄러워 ~

59 바람은 더는 잘난 ~

60 그 후로, 해와 바람은 ~

여러분을 응원합니다 !

한글영어학습에 대해서 궁금한 점이 있다면
한글영어 공식카페로 질문해주세요.

한글영어 공식카페

🔍 https://cafe.naver.com/korchinese

모든 질문에 성심껏
답변을 드리도록 하겠습니다.

이솝우화 영어문장
판도라의 상자

최소한
영어회화후 알파벳 시리즈 3권을 암기한 후
열어보기를 권합니다.

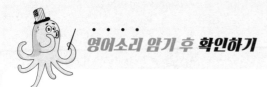
01 It was a hot summer day.

02 The sun was shining down brightly.

03 There was music coming from the forest.

04 A grasshopper was singing on a rock.

05 "It's time to play together."

06 Ants were carrying food nearby.

07 "You push and I'll pull!"

08 "Let's work together!"

09 The ants were carrying large pieces of food.

10 "There's lots of food to eat."

11 "The trees are also full of fruit."

12 The grasshopper said to the ants,

13 "Why are you working on this hot summer day?"

14 "Let's sing a song."

15 The ants replied in chorus.

The Ant and the Grasshopper

16 "We have to carry and save our food."

17 "We have something to eat during the cold winter."

18 The grasshopper couldn't understand the ants.

19 "But winter is still far away?"

20 The ants kept on carrying their food.

21 The grasshopper looked down on the ants.

22 "What stubborn ants."

23 Soon, a cold wind blew through the forest.

24 All of the leaves and fruit fell off the trees.

25 Winter had come and there was a snowstorm.

26 The ground and the river froze.

27 The grasshopper was really cold and hungry.

28 He didn't have anything to eat.

29 The grasshopper looked for something to eat.

30 But there wasn't any food anywhere.

31 Then, the grasshopper thought of the ants.

32 "The ants must have lots of food."

33 "I should go ask them for some food."

34 The grasshopper went to see the ants.

35 A delicious smell came from their home.

36 "Knock knock! Hello?"

37 The grasshopper knocked on the door.

38 "Who's there?"

39 And a little ant opened the door.

40 "I'm sorry, but I'm so hungry."

41 "Can you give me some food?"

42 The ants happily welcomed the grasshopper.

43 "Sure, come inside."

44 The ants' home was very warm.

45 An ant gave the grasshopper some food.

The Ant and the Grasshopper

46 "Have some of this."

47 "Thank you so much."

48 He thought of himself singing during the summer.

49 He thought of how hard the ants had worked.

50 "I should have worked as hard as the ants."

51 The grasshopper burst into tears.

52 He regretted not working back then.

53 "Grasshopper, you should stay with us."

54 "You might freeze if you go outside."

55 "Thank you for the invitation."

56 He stayed with the ants during the winter.

57 After a while, warm spring had come.

58 "Thank you for your help."

59 "Now I will also work hard!"

60 From that day on, the grasshopper worked hard.

영어소리 암기 후 **확인하기**

01   There was a boy who raised sheep.

02   The sheep were grazing on the grass.

03   The boy was bored all by himself.

04   The boy lay on the grass and looked at the sky.

05   "I'm so bored today."

06   "Is there nothing fun to do?"

07   Then the boy saw a cloud that looked like a wolf.

08   "Yes, that's it!"

09   "I'm going to say that I saw a wolf."

10   "Then people will be scared, right?"

11   "That sounds like fun!"

12   The boy shouted towards the village.

13   "Help! There's a wolf!"

14   The people in the village stopped working.

15   "Oh no! We should go take a look."

16 The village people took their sticks and shovels.

17 "Boy, where is the wolf?"

18 "Are you hurt?"

19 The village people were worried about the boy.

20 The boy saw the shock on their faces.

21 He enjoyed watching the village people.

22 "Actually, there was no wolf."

23 "I was bored so I told a lie."

24 He replied while laughing.

25 "What did you say?"

26 "You rascal, lying is bad!"

27 All of the adults scolded him.

28 But the boy wasn't interested.

29 He was having too much fun.

30 A few days later, the boy became bored again.

영어소리 암기 후 **확인하기**

31 He wanted to play a trick on the people again.

32 "There really is a wolf!"

33 "The wolf is going to eat all the sheep!"

34 "Please help me!"

35 The people came with their sticks.

36 But they didn't see a wolf.

37 The boy laughed out loud.

38 "You rascal, did you lie again?"

39 "We told you that lying was bad!"

40 The people were angry and went back to the village.

41 But, a few days later, a wolf really appeared.

42 The boy was scared and shouted loudly.

43 "A wolf is here!"

44 "I'm telling the truth this time! Help me!"

45 But no one came to help him.

The Shepherd Boy and the Wolf

46 "That rascal is lying again."

47 "We're not falling for it this time!"

48 They each kept to their own work.

49 "Let's ignore him and keep working."

50 "Yes, let's just keep working."

51 The boy shouted but nothing happened.

52 The wolf ate all of the sheep.

53 The boy burst into tears.

54 The boy regretted lying before.

55 Later, the village people found out the truth.

56 "What a shame."

57 But it was already too late.

58 There was nothing that the boy could do.

59 The boy had no sheep left.

60 The boy promised not to lie again.

01 A butcher went to the market to sell his meat.

02 The stony path made his carriage shake.

03 A piece of meat fell out of the carriage.

04 The butcher unknowingly went to the market.

05 "Giddy-up, let's go."

06 A crow passing by found the meat.

07 "What a surprise!"

08 The crow flew down and picked up the meat.

09 She looked for a place to sit down comfortably.

10 The crow found a tree nearby.

11 She sat on a tree branch.

12 "How can I eat this meat?"

13 Just then, a fox passing by saw the crow.

14 "How did the crow get that meat?"

15 The fox drooled when he saw the meat.

16 He didn't have any breakfast.

17 So he was really hungry.

18 "I should steal that meat."

19 The fox thought deeply.

20 "How can I steal it?"

21 Finally, he had a good idea.

22 "Today is my lucky day."

23 The fox came up with a way to steal the meat.

24 He loudly said to the crow,

25 "You are the most beautiful crow."

26 "What a shiny black body you have!"

27 "How are you so beautiful?"

28 "You deserve to be queen of the birds."

29 The crow was flattered by the fox's compliments.

30 "The fox has a good eye."

영어소리 암기 후 **확인하기**

31 The fox smiled at the crow.

32 And he said even louder,

33 "What about your voice?"

34 "If your voice is beautiful, you are a true queen."

35 "Won't you sing a song for me?"

36 The fox's compliments flattered the crow.

37 The crow wanted to show off her voice.

38 She puffed out her chest and cleared her throat.

39 And she started to sing.

40 "Caw, caw, caw."

41 But as soon as the crow opened her mouth,

42 the meat she was holding fell out.

43 The fox shouted for joy.

44 And he quickly caught the meat.

45 "Thank you, crow."

46 "I will eat this delicious meat because of you."

47 The crow was surprised to see the meat.

48 The meat was already in the fox's paw.

49 The fox gave the crow a bit of advice.

50 "Crow, your voice is really beautiful."

51 "But you have one weakness."

52 "So you can't become a queen of the birds."

53 The crow was sad and angry.

54 "What is my weakness?"

55 The fox answered the crow frankly.

56 "You aren't smart enough."

57 The fox ran away with the meat.

58 The crow regretted what she had done.

59 But it was already too late.

60 The crow starved the rest of the day.

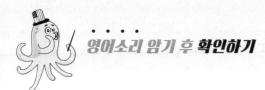

영어소리 암기 후 **확인하기**

01 There was a donkey who carried luggage everyday.

02 It was a bright and sunny day.

03 The donkey carried salt on his back to the market.

04 "We're going to be late. We should go."

05 The donkey's owner rushed him.

06 The donkey reluctantly went to the market.

07 "It's too hard to walk."

08 "Why is the load so heavy today?"

09 On the way, there was a river.

10 The donkey wobbled as he crossed the river.

11 The donkey slipped and fell into the water.

12 "Save me. Save me!"

13 The donkey's owner pulled him out.

14 The donkey could barely get out of the water.

15 But he was surprised.

16 Because the heavy load had gotten lighter.

17 "How did this happen?"

18 "The load got lighter when I fell into the water."

19 The donkey was excited.

20 "Oh no, my poor salt. What will I do?"

21 The donkey's owner deeply sighed.

22 The salt had dissolved into the water.

23 However, the donkey had no idea.

24 "Things become much lighter in the water."

25 The donkey had a bad idea.

26 He hummed all the way home.

27 The donkey had to go to the market again.

28 The owner loaded the donkey's back with cotton.

29 The cotton was bulkier than the salt.

30 But it was much lighter than the salt.

31 Nevertheless, the donkey was greedy.

32 "I wish the load was even lighter."

33 He complained on the way to the market.

34 He thought of something when he saw the river.

35 "I should do what I did last time!"

36 The donkey thought that the load would get lighter.

37 The donkey went into the middle of the river.

38 He fell into the river on purpose.

39 "Why do you keep falling into the river?"

40 "Get up! Get up!"

41 "I can't sell this cotton, what will I do?"

42 The owner sighed when he saw the wet cotton.

43 "It will be lighter when I get out of the water."

44 The donkey was excited about his plan.

45 After a while, he tried to stand up.

04 The Donkey and the Salt Merchant

46 But something was different.

47 The load had gotten even heavier.

48 The owner had to help the donkey get out.

49 The donkey didn't know why the load was heavier.

50 "How did this happen?"

51 "Why didn't it get lighter like last time?"

52 The cotton had soaked up the water.

53 So it was much heavier than before.

54 The donkey had no idea about that.

55 He even had a hard time standing up.

56 "It's so heavy I'm going to die."

57 His legs shook because of the weight.

58 The donkey regretted what he had done.

59 "I won't do that again."

60 The donkey vowed to work hard.

01 A lion was sleeping underneath a tree.

02 A mouse accidentally passed the lion.

03 The mouse climbed onto the lion's back.

04 "It's really soft and comfortable here."

05 The mouse jumped around on the lion's back.

06 Suddenly, the lion woke up.

07 "Oh look, who is this?"

08 The lion picked up the mouse with one paw.

09 "How dare you wake me up!"

10 The lion said in an angry voice.

11 The mouse was scared and started shaking.

12 "I didn't know you were a lion."

13 "Please forgive me."

14 The mouse pleaded with the lion.

15 "I can't forgive you!"

05　The Mouse and the Lion

16　The lion was about to eat the mouse.

17　"Please let me live."

18　"I'm small so if you eat me you won't be full."

19　"If you let me live, I will pay you back."

20　The mouse cried and begged.

21　"How are you going to pay me back?"

22　The lion laughed at the mouse.

23　"I guess I won't be full if I eat you."

24　The lion let the mouse go.

25　A few days passed by.

26　The lion went into the forest to look for food.

27　"What is this?"

28　The lion got caught in a hunter's net.

29　"Help me! Someone help me!"

30　But no one was around.

31 The lion became more tangled as he moved around.

32 "Now I will die soon."

33 The mouse heard the lion crying from far away.

34 The mouse quickly ran to the lion.

35 The mouse saw the lion caught in a net.

36 "Hold on. I will save you."

37 The mouse confidently told the lion.

38 "How are you going to save me?"

39 The lion didn't believe the mouse.

40 "Don't worry. Just trust me."

41 The mouse chewed on the net with his teeth.

42 The net was hard as steel.

43 The mouse was sweating a lot.

44 The net started to break piece by piece.

45 Finally, the mouse made a big hole in the net.

The Mouse and the Lion

46 "Lion, you can come out now."

47 "Thank you very much. You saved me."

48 The lion got out of the net safely.

49 The lion whispered to the mouse.

50 "Let's run away before the hunter comes back."

51 "Okay, let's go."

52 The lion carried the mouse on his back.

53 The lion and the mouse went to a safe place.

54 "Did you underestimate me because I was small?"

55 "There are times when you need a small mouse."

56 The mouse was proud of himself.

57 "You're absolutely right."

58 "If it wasn't for you, I would be dead now."

59 "I won't underestimate you anymore."

60 They continued to help each other from that day on.

영어소리 암기 후 확인하기

01 A farmer had a large vineyard.

02 The farmer worked hard everyday without resting.

03 The vineyard was full of grapes.

04 "The grapes look delicious."

05 The farmer was proud of his grapes.

06 "I should fix the fence now."

07 The farmer took a hammer and nails.

08 The farmer started to fix the broken fence.

09 He hit the nail hard with the hammer.

10 "I can't sleep with all this noise."

11 The noise woke up the farmer's son.

12 "Father, stop fixing the fence."

13 His father stubbornly replied,

14 "The fence has to be strong to protect the grapes."

15 The farmer's son could not understand him.

16 But one day, the farmer passed away.

17 His son had to take care of the vineyard alone.

18 As time passed, the fence became old and broken.

19 "When will I fix the fence?"

20 The farmer's son didn't want to fix the fence.

21 "I should just get rid of it."

22 The son took the fence apart.

23 "I don't need to fix the fence anymore!"

24 After a while, it was grape season.

25 But there weren't as many grapes this year.

26 It was because there was no fence.

27 During the night, foxes ate some of the grapes.

28 During the day, children ate some of the grapes.

29 "They're so yummy! You should try some."

30 "It's okay because there are enough grapes."

31 The strangers wouldn't leave the vineyard.

32 "This vineyard doesn't have a fence."

33 "We can go inside and eat some grapes."

34 The strangers brought a basket to pick grapes.

35 "Don't steal my grapes!"

36 The angry son watched over the vineyard.

37 But it was already destroyed.

38 Grapes were scattered all over the field.

39 Even the tree branches were broken.

40 "Oh no, what will I do?"

41 The farmer's son was speechless.

42 Suddenly, he remembered his father's advice.

43 The son went to his father's grave.

44 "Father, I made a mistake."

45 The son cried in front of his father's grave.

Treasure in the Vineyard

46 "Now I know why you fixed the fence."

47 "I will make a new fence to protect the grapes."

48 The son regretted being lazy.

49 The next day, he woke up early.

50 He decided to keep his promise to his father.

51 He had a shovel, wood, and some wire.

52 The son worked hard all day long.

53 "I'm finished!"

54 Finally, the sturdy fence was complete.

55 "Now no one will get into my vineyard."

56 The son carefully watched his vineyard that year.

57 The grape trees started to grow fruit.

58 The son went to his father's grave again.

59 "Your advice helped me grow lots of grapes"

60 The son lived happily while running his vineyard.

01 A rabbit and a turtle lived in a village.

02 The rabbit ran into the turtle.

03 The rabbit said to the slow turtle,

04 "How are you going to get home like that?"

05 The rabbit's words upset the turtle.

06 "Don't brag about how fast you are."

07 "We don't know who's faster yet."

08 The rabbit laughed out loud.

09 "Then let's see who is faster."

10 The rabbit challenged the turtle to a race.

11 The turtle replied right away.

12 "Fine. Let's have a race!"

13 It was the day of the race.

14 Other animals who heard the news gathered around.

15 "The first one to reach that mountain wins."

16 The bear was the referee.

17 The rabbit and the turtle stood at the starting line.

18 The bear gave them the signal to begin.

19 "Ready, set, go."

20 The rabbit started the race first.

21 The turtle slowly moved forward.

22 The rabbit who was far ahead looked back.

23 But he didn't see the turtle.

24 "The turtle really thought he had a chance."

25 The rabbit looked around.

26 "There's shade under the tree over there."

27 "I'll win even if I take a short rest."

28 The rabbit laid down under the tree.

29 The rabbit only wanted to take a short rest.

30 But the rabbit fell into a deep sleep.

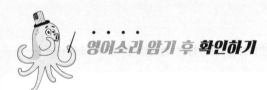
31 Meanwhile, the turtle slowly kept going.

32 He was sweaty, but he didn't stop even once.

33 "This is a hard race."

34 "Did the rabbit already win?"

35 But the turtle didn't give up.

36 He saw the rabbit sleeping from far away.

37 The turtle started moving even faster.

38 Now the turtle was ahead of the rabbit.

39 After a while, the rabbit woke up.

40 "I feel great."

41 "Did I fall asleep too long?"

42 The rabbit was shocked to see the turtle.

43 The turtle was already way ahead of him.

44 The rabbit ran with all of his might.

45 "Go rabbit! Go turtle!"

46 The other animals cheered them on.

47 The rabbit ran after the turtle as fast as he could.

48 But he couldn't catch up to the turtle.

49 The turtle crossed the finish line first.

50 "I won. I won!"

51 All of the animals congratulated the turtle.

52 "Congratulations on your win, turtle."

53 The rabbit's pride was hurt.

54 "I can't believe I lost to the turtle."

55 But the rabbit apologized to the turtle.

56 "I won't tease you about being slow anymore."

57 The turtle laughed and replied,

58 "Let's get along well from now on."

59 The rabbit learned a lot from the turtle.

60 He decided to do his best at everything.

영어소리 암기 후 **확인하기**

01 Two young men lived in a village.

02 They were good friends.

03 One day, the two friends decided to go on a trip.

04 They had to walk a long way.

05 But it wasn't difficult because they were together.

06 "I'm happy that we're traveling together."

07 "Really? Me too."

08 "Let's travel together more."

09 The two friends happily walked on.

10 "What's that sound?"

11 While walking in a dense forest,

12 they heard a rustling sound from somewhere.

13 "I think something is moving over there."

14 The two friends both stopped walking.

15 They hoped that nothing bad would happen.

08 Two Friends and a Bear

16 Just then, a large bear suddenly appeared.

17 "Bear! It's a bear!"

18 The two friends screamed in surprise.

19 The bear approached them slowly.

20 One of the friends looked around quickly.

21 He saw a large tree nearby.

22 "I should hide there."

23 He quickly climbed up the tree.

24 But the other man couldn't run away.

25 He was so surprised that he couldn't even move.

26 "What should I do?"

27 The bear started to approach him.

28 It was too late to run away now.

29 He thought of something that a hunter had said.

30 "Bears never eat an animal that is dead."

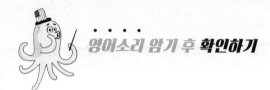

31 "That's what I will do!"

32 He lay down on the ground.

33 He closed his eyes and mouth and stayed still.

34 He pretended to be dead.

35 The bear finally reached him.

36 The bear walked around the man on the ground.

37 The man thought he was about to be eaten.

38 He was too scared to move.

39 He couldn't even breathe.

40 The bear lightly touched the man with his foot.

41 The bear put his face to the man's ear.

42 The man in the tree thought,

43 "Is the bear whispering to my friend?"

44 The man on the ground didn't move.

45 After a while, the bear lifted his head.

08 Two Friends and a Bear

46 "This animal must be dead."

47 "I should go find some fresh meat."

48 The bear disappeared far away.

49 The man in the tree climbed down.

50 "I thought that the bear was going to eat you."

51 He asked his friend on the ground.

52 "Are you okay?"

53 "Yes, luckily I'm not hurt."

54 He was sorry for running away by himself.

55 "What did the bear tell you?"

56 The man on the ground looked at his friend.

57 "I should choose my friends carefully."

58 "I shouldn't have friends who run away alone."

59 His friend was speechless for a moment.

60 He hung his head in shame.

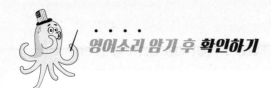

01 There was a lion who lived in the jungle.

02 The lion was very old.

03 So he couldn't hunt very well.

04 Other animals ran faster than the lion.

05 "I'm so hungry that I can't even get up."

06 "My knees hurt too, so I can't even run."

07 The lion lost a deer and he sat helplessly.

08 "When was the last time that I ate?"

09 "I will die from hunger."

10 The lion's stomach grumbled.

11 "Isn't there a way to find food besides hunting?"

12 The lion had a good idea.

13 "Yes! That's what I should do."

14 The lion smiled and slowly got up.

15 He found a cave in the jungle.

09 The Old Lion and the Fox

16 "This looks like a good place."

17 The lion laid down inside of the cave.

18 "Now all I have to do is wait."

19 He let out a happy laugh.

20 The lion cried out as if he were in pain.

21 News spread in the jungle that the lion was sick.

22 The lion was still the king of the jungle.

23 Other animals came to see the sick lion.

24 "Lion, are you okay?"

25 A rabbit greeted the lion outside of the cave.

26 "I can't hear you very well."

27 "Come inside and speak loudly."

28 The rabbit went inside of the cave to see the lion.

29 The lion ate the rabbit in one bite.

30 "Now I'm not as hungry."

영어소리 암기 후 **확인하기**

31 But the rabbit didn't fill him up.

32 The lion waited for another animal.

33 After a while, a pig went to see the lion.

34 "Lion, how sick are you?"

35 The lion let out a cry of pain.

36 "I don't think I have much time left to live."

37 The pig was worried so he went inside the cave.

38 The lion captured the pig easily.

39 Now the lion was full.

40 "I didn't know hunting was this easy."

41 A fox also heard that the lion was sick.

42 But she had a strange feeling.

43 Some animals didn't come back.

44 The fox reluctantly went to the cave.

45 She didn't go in but shouted,

46 "Lion, where are you hurt?"

47 "I'm lying down because I have a high fever."

48 The lion said in a weak voice.

49 "You have to get better soon."

50 The fox shouted loudly into the cave.

51 "Since I can't move, you should come in."

52 The lion said with no strength in his voice.

53 The fox looked around carefully.

54 "I really want to come inside."

55 "But something is strange."

56 "What is strange?"

57 "There are many footprints going inside the cave."

58 "But there are no footprints coming out."

59 The fox ran away without looking back.

60 After that, no more animals went to see the lion.

영어소리 암기 후 **확인하기**

01 The wind and the sun got into an argument.

02 "I'm stronger than you."

03 The wind shouted at the sun.

04 "My breath can blow away rocks and trees."

05 The sun gave the wind a bit of advice,

06 "Use your strength wisely."

07 "Did you just look down on me?"

08 "When did I do that?"

09 The sun's words offended the wind.

10 "Fine, then let's have a contest!."

11 The wind challenged the sun.

12 "Let's see who wins!"

13 The sun answered without hesitation.

14 "But what kind of contest should we have?"

15 The wind and the sun thought for a moment.

228 이솝우화

10   The Sun and the Wind

16   Just then, a traveller walked down the road.

17   "Let's try to get the man to take off his jacket."

18   The wind came up with the contest.

19   "The first one to succeed wins."

20   The sun agreed to the wind's contest.

21   "If I blow my breath strongly,

22   that man's jacket will fly away really quick."

23   The wind blew with all his might.

24   The traveller was surprised by the gust of wind.

25   It was so cold that he shivered.

26   "What's wrong with the weather?"

27   He held onto his jacket even more tightly.

28   The wind was embarrassed for a moment.

29   "Let's see if he keeps his jacket on after this."

30   The wind blew even harder.

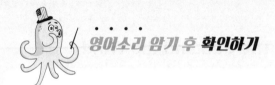

31 But the jacket didn't fly away.

32 The traveller didn't let go of his jacket.

33 The wind used up all of his energy.

34 "He hasn't taken it off yet."

35 The wind was completely out of breath.

36 "I don't think I can go on."

37 The wind eventually gave up.

38 "Now it's my turn."

39 The sun shone a bright ray of sunshine.

40 "The weather is really unpredictable."

41 He wiped away the sweat from his forehead.

42 The sun shone her rays even stronger.

43 The traveller started to unbutton his jacket.

44 If the traveller takes off his jacket, the sun wins.

45 "Why is it so hot all of a sudden?"

10 The Sun and the Wind

46 The traveller looked up at the sky.

47 The sun kept shining down on him.

48 It was so hot that he couldn't wear his jacket.

49 He stopped walking and said,

50 "I should go swimming in the river."

51 Finally, the traveller took off his jacket.

52 He jumped into the water.

53 The sun finally won the contest.

54 "Wind, I won, right?"

55 The wind had nothing to say.

56 "Don't show off your strength."

57 The sun advised the wind.

58 The wind turned red from embarrassment.

59 The wind stopped acting so arrogant.

60 After that, the sun and the wind got along well.

한글영어에 대한 모든 걱정은
편견에 불과하다

이제까지 여러 해 동안 한글영어를 전파하면서 수많은 사람들의 한글로 영어를 배우는 것에 대한 걱정과 고민과 우려를 상담해 왔습니다.

그러나 확실하게 말씀드릴 수 있습니다만 여러분이 생각하는 고민은 단지 기우에 불과하다는 것입니다.

가장 크게는 한글로 하면 영어발음이 나빠질까 봐 걱정합니다만 그런 일은 절대로 일어나지 않습니다. 이제까지 공부한 사람들이 증명합니다.

초기에 한글로 영어를 배우자마자 읽는 그 엉터리 발음으로 한글영어의 가치를 판단하면 안 됩니다. 그렇게 따지면 가장 처음 "어~으 마"라고 말하는 한국 아기들은 나중에 '엄마'라 하지 않고 평생 "어~으 마"라고 한다고 생각하는 것과 같습니다.

한글영어를 한다는 것은 마치 노래를 배우는 것과 100% 똑같습니다.

처음 들어보는 노래의 경우에는 가사조차 읽는 것이 힘들어서 가사만 따로 책을 읽듯이 음미하면서 읽어본 경험이 있을 것입니다. 이러한 과정을 통해서 노래의 흐름을 이해하고 그다음에 박자나 음정을 살려서 차츰 연습합니다. 수많은 연습을 한 후에는 처음과는 완전히 다르게 노래를 잘 부르게 됩니다.

한글영어로 하는 학습하는 과정도 마찬가지입니다.

처음에는 마치 책을 읽듯 읽겠지만 원어민 음성을 들으면서 따라 하려고 하면서 수없이 읽다 보면 본인도 모르게 물 흐르듯 원어민처럼 읽고 있는 자신을 발견하게 됩니다. 언제까지나 한글영어를 책 읽듯이 읽지 않는다는 것입니다. 결론적으로 발음을 걱정할 필요가 없습니다.

한글가사로 가요를 배웠는데 노래를 못 부른다고 해서 한글가사로 배워서 못 부른다고 핑계를 대는 사람이 없듯이, 한글로 영어를 배웠는데 발음이 이상하다고 해서 한글영어를 탓할 수 없습니다. 노래를 못 부른 것은 노래를 부른 사람의 노력 부족일 수 있듯이, 영어를 한글처럼 읽는다면 그것은 학습자의 노력 부족일 수 있습니다.

또 한가지는 "한글로 배우다 보면 읽기를 못 하는 게 아닐까?"하고 나중에 영어를 읽는 것에 대해서도 걱정합니다. 그러나 오히려 반대입니다. 지금 파닉스를 통해서 읽는 읽기는 가짜 읽기입니다. 진짜 읽기는 듣기가 된 다음에 읽는 읽기입니다.

진짜 읽기란 원어민의 영어소리와 영어글자를 매치를 시킬 줄 알아서 나중에 영어글자를 읽어야 할 때, 본인도 모르게 원어민의 소리가 생각나서 읽는 것을 말합니다.

한글영어는 듣기를 위한 학습법입니다. 만약 한글영어로 영어듣기가 완성되었다면 오히려 진짜 읽기를 잘 할 수 있습니다. 그래서 가짜 읽기를 할 때보다 영어책을 더 재밌고 빠르게 읽을 수 있습니다. 한글책도 듣고 말하는 한국어가 된 다음에 따로 ㄱ, ㄴ, ㄷ 한글을 배워서 읽었습니다.

영어도 듣기가 된 다음에 읽기를 위한 요령만 배우면 곧바로 영어책을 잘 읽을 수 있습니다. 그래서 읽기도 걱정할 필요가 전혀 없습니다.

이외에도 질문들이 수없이 많습니다만 그 모든 질문에 한글영어는 합리적 답변이 가능하다고 자신 있게 말씀드릴 수 있습니다.

〈정용재의 영어독설〉 중에서

한글로 배우는 영어는
세종대왕과 집현전의 학습법이다

세종대왕은 한글을 창제하신 후 집현전에 지시해서 중국어 한자 밑에, 일본어 한자나 가나 밑에 한글로 발음을 적어서 교재를 만들도록 했습니다.

그래서 신숙주가 직접 중국에 수차례 방문해서 현지 사람들의 중국어 발음을 듣고, 이를 한자 밑에 한글로 발음을 달았습니다. 이런 식으로 해서 한글중국어, 한글일본어 등 한글로 배우는 외국어교재를 만들었습니다.

그리고 이들 교재들을 이용해서 사역원이라고 하는 통역관을 배출하는 기관에서 외국어 교육을 시행했다는 기록이 역사적으로 남아 있습니다.

다시 말해서 한글로 배우는 외국어를 처음 생각한 사람은 세종대왕이고, 교재를 만든 사람은 집현전 학자들이고, 이 교재로 공부한 사람은 전문통역관이었습니다. 교육의 역사가 거의 500년에 이르는 대단한 외국어학습법입니다.

한글의 가치는 우리글로서의 가치뿐만 아니라 외국어를 배우는 발음기호로서의 가치를 지녔습니다. 그런데도 우리는 우리글로써 받아들이는데도 몇백년이 걸렸지만, 한글의 또 한가지 가치인 외국어학습을 위한 글자로 받아들이는데는 아직도 어려운 현실입니다.

우리는 한글의 우수성과 과학성을 자랑스럽게 생각합니다, 그래서 한글의 세계화라는 이름으로 문자가 없는 나라에서 한글을 문자로 쓸 수 있도록 운동을 펼치고 있습니다. 이를 역으로 생각하면 우리가 영어회화를 배우는데 한글을 활용할 수 있음을 의미합니다. 그리고 한글영어가 성공한다면 한글의 세계화도 자연스럽게 성공할 수 있습니다.

〈정용재의 영어독설〉 중에서

이제까지 소리영어 학습법이 실패한 이유가 있다

소리영어로 했는데도 영어공부에 실패했다고 해서 소리영어 자체가 잘못된 것은 아닙니다. 이제까지 지구상에 산 수천억 명의 사람들은 문자가 아닌 소리로 언어를 배웠습니다. 그래서 소리로 영어를 배우는 것에 대해서 의문을 가질 필요는 전혀 없습니다. 다만 영어소리로 영어를 배워야 하는 것은 맞지만, 이제까지 이를 실제로 적용하는 데 있어서 간과한 부분들이 있었기 때문에 실패한 것입니다.

1. 소리영어를 시작하는 사람의 수준

소리영어를 이제 막 시작하는 사람들의 수준이 제각각임을 고려해야 합니다. 단순히 영어소리를 열심히 들으라고 해서는 안 되는 이유입니다. 가장 최적의 상태는 나이에 상관없이 영어문자를 배우지 않아서 오로지 영어소리에만 집중할 수 있는 상태입니다. 만약 이미 영어문자를 알고 있다면 알고 있는 문자학습내용들을 잊으려고 노력을 해야 해서 소리영어학습이 정말 어려울 수 있습니다. 지금까지 소리영어를 했는데도 실패한 사람들이 이런 경우입니다.

2. 소리영어를 실천할 수 있는 최적의 교재

이제까지 소리영어를 표방하는 곳에서는 되도록 영어문자를 보면 안 된다고 말하지만, 아예 영어문자를 볼 수 없도록 영어문자를 제공하지 않는 곳은 없습니다. 그래서 학습자는 영어소리만 들어야 하는데도 불구하고 답답한 마음에 영어문자를 보게됩니다. 이렇게 되면 소리영어를 하는 의미가 없게 됩니다.

다시 말해서, 학습자의 상태를 정확히 구분하지 않았다는 점과 제공되는 교재의 불완전함 때문에 실패한 것이지 소리영어 자체가 문제는 아니라는 것입니다.

〈정용재의 영어독설〉 중에서

듣기, 읽기, 쓰기, 말하기
모두 안 되는 영어교육

일반적으로 한국 사람은 본인은 영어 말하기는 잘 안 되지만 적어도 영어 듣기, 영어 읽기, 영어 쓰기는 어느 정도 된다고 생각합니다. 그래서 "제가 영어 듣기는 되는데 영어 말하기가 안됩니다."라고 말합니다. 그러나 실제로 우리가 잘할 수 있는 것은 하나도 없습니다.

영어 읽기가 된다고 해서 편하게 영어책으로 독서를 하지는 않습니다. 영어 듣기가 된다고 해서 무자막으로 영화나 뉴스를 볼 수가 없습니다. 영어 쓰기가 된다고 해서 영어로 편지나 일기를 쓰는 것이 자유로운 것도 아닙니다. 원어민을 만나서 자유롭게 말 한마디 하기는 정말 어려운 상황입니다.

우리에게 가능한 것은 영어 '시험'을 위한 읽기, 쓰기, 듣기, 말하기일 뿐입니다. 실제 생활에서 활용할 수 있는 읽기, 쓰기, 듣기, 말하기능력이 전혀 아닙니다.

이렇게 엉터리 영어교육이 이루어진 데에는 모든 영어전문가들이 잘못 생각하고 있는 정말 중요한 한 가지 이유가 있습니다.

영어의 4대 영역을 동시에 공부하면 영어를 더 잘할 수 있다는 잘못된 이론 때문입니다. 그러나 이는 명백히 잘못된 이론입니다. 이제까지 지구상에 산 수천억 명의 사람은 소리로 먼저 모국어를 배운 후 몇 년이 지나서 문자를 배우게 됩니다. 즉, 철저히 문자와 소리가 분리된 언어교육을 받았다는 것입니다.

한국인이 영어공부를 할 때도 먼저 영어소리로 영어를 익힌 후 영어문자를 배운다면 영어공부에 도전하는 한국인 모두가 영어학습에 성공할 수 있을 것입니다.

이제라도 바로 잡지 않으면 자라나는 아이들이 성인들의 잘못된 영어교육을 그대로 답습할 수밖에 없고, 그 아이들도 결국 듣고 말하는 영어가 불가능합니다.

〈정용재의 영어독설〉 중에서